CRIME OU CASTIGO?

Da perseguição contra as mulheres até à despenalização do aborto

ANA CAMPOS

MÉDICA, ESPECIALISTA
EM OBSTETRÍCIA E GINECOLOGIA

CRIME OU CASTIGO?

Da perseguição contra as mulheres até à despenalização do aborto

CRIME OU CASTIGO?
Da perseguição contra as mulheres
até à despenalização do aborto

AUTORA
ANA CAMPOS

EDITOR
EDIÇÕES ALMEDINA, SA
Rua da Estrela, n.º 6
3000-161 Coimbra
Tel.: 239 851 904
Fax: 239 851 901
www.almedina.net
editora@almedina.net

PRÉ-IMPRESSÃO • IMPRESSÃO • ACABAMENTO
G.C. – GRÁFICA DE COIMBRA, LDA.
Palheira – Assafarge
3001-453 Coimbra
producao@graficadecoimbra.pt

Janeiro, 2007

DEPÓSITO LEGAL
253605/07

Os dados e as opiniões inseridos na presente publicação
são da exclusiva responsabilidade do(s) seu(s) autor(es).

Toda a reprodução desta obra, por fotocópia ou outro qualquer processo,
sem prévia autorização escrita do Editor,
é ilícita e passível de procedimento judicial contra o infractor.

Para o Francisco
Para a Joana

ÍNDICE

1. Uma Perspectiva Histórica dos Conhecimentos sobre Contracepção e Aborto 11
2. O Controle Populacional na Antiguidade 15
3. Da Era Cristã à Reforma 19
4. Da Reforma ao NeoMalthusianismo 25
5. O Século XIX e o Neomalthusianismo 31
6. O Século XX 41
7. Diferentes Legislações sobre Aborto no Mundo 51
8. O Aborto no Mundo Actual 55
9. A Situação em Portugal 61
10. Aborto, uma Questão Polémica: Porquê Gravidezes Indesejadas? 77
11. As Consequências da Interrupção da Gravidez na Vida da Mulher 81
12. Existirá uma Nova Ética sobre o Aborto? 101
13. Conclusão 107

Referências bibliográficas 109

INTRODUÇÃO

O aborto provocado tem coexistido ao longo da história com diferentes interpretações. De um continuum contraceptivo, em que não havia grande distinção entre aborto e contracepção e em que lhe não eram atribuidos valores morais ou sociais negativos, o aborto passou, depois do começo da era cristã e por imperativos demográficos, a estar largamente associado aos conceitos religiosos de então, vindo a ser conotado negativamente e criminalizado.

O avanço dos conhecimentos científicos permitiu que se estabelecesse uma distinção entre contracepção e aborto, mas a prática deste nunca foi extinta. A prática do aborto reduz-se se a contracepção for mais e melhor aplicada mas, estando os resultados da contracepção, social, pessoal e culturalmente correlacionados, não é possível em qualquer sociedade eliminar completamente a hipótese de se recorrer ao aborto se se pretender que as gravidezes devam ser sempre as desejadas. Por outro lado, nem a sua legalização, em nome da defesa da saúde das mulheres, nem a sua concepção como um dos direitos reprodutivos são aceites por todos.

Actualmente, a legalização do aborto em algumas condições e a sua prática em meio hospitalar diminuiram significativamente as complicações dos abortos provocados, quando realizados em condições de ilegalidade e sem condições de segurança. O aborto seguro, durante o primeiro trimestre, veio reduzir drasticamente as situações de complicações outrora vividas e ainda existentes em países em que o aborto a pedido da mulher é ilegal. Essas complicações acarretam riscos para as mulheres, de lesões do colo uterino, de roturas uterinas e de infecções com infertilidade subsequente, ou mesmo de morte, constituindo o aborto, em países em que é ilegal, a segunda causa de morte materna. Devem aqui associar-se as consequências de ordem psicológica que a prática em condições de ilegalidade pode agravar.

É importante analisar esta história, tanto mais que vivemos em Portugal mais um momento de debate sobre a legalização da interrupção da gravidez a pedido da mulher até às 10 semanas de gravidez. Mais uma vez os portugueses e as portuguesas irão pronunciar-se por referendo sobre este assunto tão importante e que conheceu e conhece debates com posições tão diferentes.

Do referendo realizado em 1998, que não foi vinculativo, resultou um facto conhecido de todos: tida como pouco aplicada até àquele momento, essa lei que criminaliza as mulheres por prática de aborto levou várias ao banco dos réus, sofrendo a humilhação de verem publicamente contadas as suas histórias de vida. Os julgamentos da Maia, Aveiro, Setúbal e Lisboa puseram Portugal na lista dos países que condenam mulheres a penas de prisão por prática de aborto – apesar de Portugal ser um dos países da União Europeia, que recomenda que se modifiquem as leis para legalizar o aborto em nome da saúde e dos direitos reprodutivos das mulheres,

A realidade também nos mostra que, apesar da lei criminalizadora das mulheres, o aborto clandestino continuou a existir, mesmo com a existência de métodos modernos de contracepção, que muitos dos que se opõem à despenalização do aborto vêem com desconfiança ou mesmo com hostilidade.

Num debate que se pretende desapaixonado, espero, com este livro que adapta uma tese de mestrado, contribuir para uma visão histórica acerca do conceito de aborto, das suas diferentes conotações, do papel da religião, da medicina e do poder governamental sobre o julgamento moral ou o seu enquadramento jurídico. Espero sinceramente que contribua de alguma forma para o esclarecimento de quem o ler.

1. UMA PERSPECTIVA HISTÓRICA DOS CONHECIMENTOS SOBRE CONTRACEPÇÃO E ABORTO

O desejo de ter filhos esteve sempre presente ao longo da história e está associado inegavelmente a aspectos emocionais, económicos e sociais que são essenciais na vida humana. Contudo, em cada época histórica, as diferentes sociedades tentaram controlar a sua fertilidade, essencialmente através do controle dos nascimentos, usando os meios de que dispunham e de acordo com os estatutos sociais[1]. Se as classes privilegiadas sempre dispuseram de mais conhecimentos contraceptivos e se se sabe que desde a Antiguidade utilizavam para tal medicações à base de plantas, para a maioria da população o controlo do número de filhos era feito pelo aleitamento prolongado, o aborto e o infanticídio. Assim, nem sempre se distinguiu entre contracepção e aborto, sendo este encarado, em muitas épocas da história, como método regulador da fertilidade[2].

O aborto, ao longo da história das diferentes sociedades e no desconhecimento da contracepção, era, pois, como que um episódio de um continuum contraceptivo, sendo uma prática tolerada e aceite em muitas sociedades da Antiguidade e constituindo um processo natural de controle de nascimentos. A sua condenação moral, e mais tarde legal, foi congruente com necessidades de impedir o despovoamento, ou de provocar o aumento demográfico, com um declínio

---

[1] McLaren, 1990.
[2] Bantman, 1997.

do papel da mulher e com a alteração dos conceitos que existiam acerca do estatuto das mulheres nessas sociedades.

Contudo, e apesar de ao longo da história e até à era actual terem surgido contraceptivos com acção mais eficaz e de ter havido gradualmente maior divulgação e conhecimentos sobre as diversas práticas contraceptivas, isso não levou à eliminação completa da prática do aborto nem nos países que o criminalizam, nem nos que o despenalizaram. As mudanças de atitudes em relação às formas aceitáveis de controlar os nascimentos têm então de ser encaradas historicamente em contextos económicos e sociais próprios, marcados por factores económicos, religiosos, filosóficos e médicos específicos.

Na Antiguidade, o lugar das mulheres na sociedade era definido pelo casamento e pelo número de filhos que teriam, sendo enaltecida a sua fertilidade. O objectivo da procriação figurava como o principal motivo para o casamento e era ele que tornava necessária a sexualidade no casamento[3]. O desconhecimento sobre a fertilidade possibilitava que na Grécia antiga a mulher fosse apenas considerada o receptáculo da semente fértil masculina, pensando-se que o esperma já era portador do embrião e da definição do sexo[4]. A fertilidade fora do casamento, no entanto, não foi nunca aceite, embora a sexualidade masculina fora do casamento fosse socialmente aceite.

Durante a era cristã, houve oposição e condenação de todos os métodos de controle da natalidade, defendendo-se a sexualidade apenas com fins procriativos, adquirindo as mulheres um estatuto muito limitado em toda a Idade Média.

Nos séculos XVIII e XIX começa verdadeiramente uma prática mais massiva de controle da fertilidade, com a utilização do coito interrompido e o uso de espermicidas e do preservativo. A reacção à redução do tamanho das famílias que surge no século XIX leva os Estados a legislar contra os métodos contraceptivos e a criminalizar a prática do aborto.

---

[3] Foucault, 1994.
[4] McLaren, 1990.

Contudo, o avanço dos conhecimentos é imparável e, da fase em que aos homens era dada a possibilidade de influenciar a fertilidade através do coito interrompido e do uso do preservativo, passa-se ao uso pelas mulheres de espermicidas e do diafragma, e à investigação e comercialização da pílula contraceptiva. Pela primeira vez, no século XX a contracepção passa a ser destinada às mulheres. Contudo, a eficácia dos contraceptivos modernos é também determinada socialmente e desde sempre a fertilidade foi cultural e economicamente dependente[5]. Não há eliminação da prática do aborto, que se mantém criminalizado na maior parte dos países até à década de 60 e 70. O aborto tornou-se então parte da agenda política em muitos países e, pela dinâmica dos movimentos sociais e em especial dos movimentos das mulheres, foi descriminalizado na maior parte dos países da Europa Ocidental e da América do Norte.

Registando este consenso, a Conferência dos Direitos Humanos (ONU, 1968) estabeleceu, como fazendo parte dos direitos humanos, a possibilidade de os casais poderem determinar o número e o espaçamento entre as gravidezes. A saúde sexual e reprodutiva faz hoje parte da cultura para a saúde, no seu pleno significado de bem-estar físico, mental e social, como é reconhecido desde as Declarações da Conferência do Cairo em 1994, e é hoje encarada como fazendo parte dos direitos das mulheres, como uma dimensão democrática, de acordo com as Declarações da Plataforma de Pequim, de 1995.

---

[5] Bantman, 1997.

2. O CONTROLE POPULACIONAL NA ANTIGUIDADE

Nas sociedades da Antiguidade, o controle populacional era obtido essencialmente através de uma alta taxa de mortalidade, pelo aborto e o infanticídio[6]. De facto, desde sempre estas sociedade enfrentaram a questão do controle da natalidade. A prescrição contraceptiva mais antiga que se conhece data de 2700 A.C.; tratava-se de um medicamento abortivo e está contido num texto médico chinês. No papiro de Kahun ou de Petrie, datado de 1850 A.C., e no papiro de Ebers (1550 A.C.), é apresentado um tampão vaginal obtido através das raízes da acácia, ricas em goma arábica, com substâncias ácidas que, após fermentação, libertariam um espermicida – o ácido láctico[7].

A descrição da prática do coito interrompido data do Antigo Testamento (Génesis, cap.38, versículo 9): "Mas Onan compreendeu que essa posteridade não seria a sua e, quando se aproximava da mulher do seu irmão, derramava no chão o semen para não dar posteridade ao irmão".

O código religioso judeu, o Talmud, escrito entre os séculos II e V A.C., apesar de proibir de forma permanente o controle da natalidade, permitia-a sempre que a gravidez pudesse pôr em risco a vida da mulher, através da utilização de esponjas vaginais, execução de movimentos violentos para expulsar o sémen ou uso de

---

[6] Fathalla, 1990.
[7] Ibidem.

substâncias obtidas de raízes que originassem a esterilidade da mulher[8].

Também na Grécia havia preocupações com o controle da natalidade[9]. Haveria já por essa altura distinção entre contraceptivos e abortivos, nomeadamente em texto de Sorano, datado do século II. Preconizavam-se como contraceptivos tampões vaginais, frutos ácidos e soluções adstringentes que deveriam ser colocadas na vagina e funcionariam como espermicidas[10]. Como abortivos usavam-se essencialmente plantas em que o salgueiro era um constituinte muito comum.

Discussões sobre a fertilidade levaram personalidades como Platão e Aristóteles a pronunciarem-se sobre estes temas. Platão, nomeadamente, defendia a restrição dos "excessos sexuais", como mais tarde o viriam a fazer os estóicos[11]. Ainda de acordo com este autor, estes filósofos consideravam que o aborto poderia ser utilizado para regular a fertilidade, e o infanticídio para eliminar as crianças a mais e as inaptas.

A diferença de idades era também considerada importante para o equilíbrio da fertilidade, e por isso, segundo McLaren (1990), na Grécia chegou a defender-se que a idade do casamento deveria ser regulamentada. Na Grécia Antiga os homens casavam por volta dos 30 anos e as mulheres estavam no começo da adolescência quando casavam; sendo a esperança de vida baixa (45 anos para os homens e 36 para as mulheres), haveria a possibilidade de haver 5 a 6 gravidezes; em média só nasciam 4 filhos e apenas dois ou três sobreviviam. Aristóteles era adepto do casamento tardio, porque considerava que o casamento precoce conduziria as mulheres a "excessos sexuais" e o homem deveria adquirir a sua maturidade reprodutiva só tardiamente.

---

[8] Ibidem: p. 6.
[9] McLaren, 1990.
[10] Fathalla, 1990.
[11] McLaren, 1990.

Os Romanos, para além de métodos intra-vaginais como tampões e substâncias acidificantes, utilizavam bexigas de cabra como preservativos[12]. Para eles, terminada a constituição da família, que devia constar de dois filhos, impunha-se como método contraceptivo a abstinência sexual, o aleitamento prolongado, lavagens vaginais com vinagre ou o coito interrompido[13].

De uma forma geral, quer na Grécia, quer em Roma, embora existisse já um conhecimento sobre contraceptivos, estes eram partilhados apenas por sectores privilegiados da sociedade, para serem utilizados em relações extra-conjugais, essencialmente destinadas ao prazer. Para os restantes sectores, o aborto, o infanticídio e a mortalidade natural por doença eram as formas naturais de controle populacional[14].

As relações conjugais e extra-conjugais implicavam envolvimentos diferentes das mulheres. As primeiras eram essencialmente destinadas à procriação e as segundas ao prazer, sobretudo na Grécia. Desde cedo se ensinava a estas futuras cortesãs ou hetaeras o que fazer e como fazer para atraír o desejo masculino e, sob protecção de Adónis, à mulher competia um papel activo para interessar o homem e evitar a fecundação, sendo a contracepção essencialmente controlada por mulheres. Pelo contrário, as jovens que eram destinadas ao casamento eram educadas para o trabalho de casa e eram cuidadosamente mantidas na ignorância dos segredos da sexualidade. Se nas relações com prostitutas o homem não tem que se preocupar com a contracepção, nas relações conjugais era ele quem decidia se queria filhos ou não. Os maridos ensinavam às esposas as técnicas contraceptivas que aprendiam com as prostitutas[15], sendo de registar que nunca se faz menção na literatura grega ou romana ao coito interrompido. Contudo, a jovem romana, ao contrário da grega, era instruida para saber como dar prazer ao

---

[12] Fathalla, 1990.
[13] Bantman, 1997.
[14] Fathalla, 1990.
[15] Flandrin, 1978.

seu marido e os casais usavam métodos contraceptivos, como eram usados nos relacionamentos extra-conjugais. Segundo Wrigley[16], na Antiguidade o aborto era mais perigoso do que um parto. Assim, os casais recorriam de preferência ao infanticídio, já que a contracepção e o aborto eram mais comuns entre escravas, concubinas e prostitutas.

No declínio do Império Romano do Ocidente, surge uma nova moral, e a vida familiar torna-se então o pilar da sociedade, substituindo as festas e orgias; é abolida a consideração, até aí comum, da sexualidade como algo de saudável, e os "excesso sexuais" são condenados; nas representações artísticas, os nús são substituidos por figuras vestidas[17]. Não foram pois, os cristãos mas os filósofos estóicos quem esteve na origem da mudança ideológica que levou a mudanças de atitudes e ao puritanismo.

---

[16] Citado por Flandrin, 1978, p.158.
[17] McLaren, 1990.

3. DA ERA CRISTÃ À REFORMA

Os cristãos não fizeram senão continuar essa ideologia puritana; como pregadores e praticantes, opunham-se a todas as "perversões sexuais" e incluiam, nos princípios a evitar, o aborto, o infanticídio, a magia e a homossexualidade bem como a bestialidade, o incesto e o adultério[18]. Assim, na era cristã, os métodos contraceptivos foram todos fortemente criticados e condenados. Os escritos religiosos, muito normativos, consideravam o paganismo e a sexualidade como dois males a combater, pregando a continência conjugal e o sexo apenas com fins procriativos. Agostinho (354-430 DC), conhecia práticas contraceptivas; antes de ser membro da elite romana e de se converter ao cristianismo, tinha tido uma concubina da qual teve um filho no primeiro ano, não tendo mais filhos nos treze anos seguintes[19]. Após a sua conversão, considerou tarefa importante combater a sexualidade e os métodos contraceptivos então praticados, especialmente o coito interrompido, que era considerado "pecado contra natura", por ser uma relação que não levava à inseminação da mulher.

O casamento constituía nesse período a razão para procriar, embora para Clemente de Alexandria (150-215 DC), o casamento casto fosse superior ao prolífico. O prazer em si e por si, estava errado; a sua procura no casamento devia ser refreada; Jerónimo

---

[18] Bantman, 1997.
[19] McLaren, 1990.

considerava adúltero "aquele que era um amante demasiado ardoroso da sua esposa"[20].

As ideias de Agostinho viriam a ser a regra e a norma do pensamento cristão – o casamento podia ser defendido se produzisse progenitura, fidelidade e continência. Como outros doutores da Igreja, Agostinho não era adepto de grandes famílias; os casais deviam ter dois filhos e depois entregar-se à castidade. Segundo Delaney (1986), os cristãos evitavam a fertilidade, mas ao mesmo tempo condenavam qualquer método seu inibidor, que permitisse o prazer.

Agostinho referia-se já a estádios do desenvolvimento do embrião no útero materno mas sustentava que a mulher que abortava era culpada de perversão, e não de homicídio. A lei canónica secundava Agostinho, ao considerar que o embrião "adquire" alma ao segundo mês e sexo ao quarto mês. Para a Igreja, o aborto realizado nos primeiros 40 dias da concepção, antes do aparecimento da alma, bem como o infanticídio, eram considerados portanto um pecado menos grave que a contracepção. O conceito de aborto como criminalizável só existe após a animação do feto, aos 40 dias, e poucas vezes o aborto foi tema de tribunais civis; como para todas estas questões, o seu julgamento dava-se nos tribunais da confissão e as penas eram por eles ditadas. No final da era cristã, não se distingue contracepção de aborto, uma vez que se usavam os mesmos fármacos indiscriminadamente e a recusa era fundamentada da mesma forma, quer fosse "vida nascente", ou quer se tratasse do período antes de "dar à luz"[21]. De facto, a sociedade considerava e aceitava que a concepção se prolongava por 40 dias e as poções contraceptivas, esterilizantes ou abortivas, eram usadas para os dois efeitos.

Enquanto o coito interrompido era severamente criticado, o infanticídio manteve-se aceite como prática conjugal, mesmo depois da conversão[22]; para esta aceitação social do infanticídio, segundo

---

[20] Citado por Noonan, 1980, p.80.
[21] McLaren, 1990, p.97.
[22] Flandrin, 1981.

Flandrin, a explicação residia no facto de na Idade Média não haver ternura pela criança, embora não possa ser negada a existência de amor maternal e paternal. Também por força de normas dominantes de organização social se aplicava o infanticídio em relação a bastardos e crianças malformadas. Por outro lado e tal como na Antiguidade, havia sempre uma maior tolerância pelas práticas contraceptivas, aborto ou infanticídio nas relações extra-conjugais, que nas relações conjugais.

Um outro doutor da Igreja, Tomás de Aquino (1225-1274), condenou a prática contraceptiva como vício contra a natureza. Por toda esta época foram estes os conceitos dominantes. A contracepção era considerada vício contra-natural, repugnante, diabólico, uma vez que se destinava a impedir a procriação, que era considerada pela moral e pela Igreja Católica, como a única razão e consequência da sexualidade. Mas, embora proíba o coito interrompido, a Igreja Católica tolera o *coitus reservatus*, sem ejaculação, prática de há muito utilizada pelos chineses e indianos.

Entretanto, as práticas contraceptivas estenderam-se à Europa através do Islão, cuja lei religiosa não condenava naquela época nem o controle da natalidade, nem o aborto, sempre que se realizasse por motivos fundamentados e até ao quarto mês de gravidez[23]. Estes métodos eram largamente conhecidos por parteiras. Rhases (850-923) e Avicena de Hamadam (980-1037), consideraram a anticoncepção uma parte legítima da prática médica, descrevendo unguentos, métodos de barreira e o coito interrompido, que era provavelmente o mais utilizado[24].

Na Idade Média, os médicos europeus eram já conhecedores de práticas e métodos contraceptivos desenvolvidos por gregos, romanos e árabes, mas como tanto a ciência como a medicina eram dominadas pela Igreja Católica, a sua aplicação só se realizava em condições estritas e por elites restritas da sociedade. Reis e aristo-

---

[23] Fathalla, 1990.
[24] Ibidem, p.11.

cratas escapavam à moral estrita comum, através da realização das suas fantasias sexuais com concubinas[25].

Mas nem mesmo a moral rígida impediu práticas contraceptivas. Chancer, no século XIII, no seu livro "O Conto do Pastor", fornece listas de contraceptivos, pessários e supositórios; o coito interrompido é utilizado em relações proibidas e incestuosas. As práticas contraceptivas eram, segundo Flandrin (1981), admitidas apenas na prostituição; o resto da população teria uma "fecundidade natural", segundo o mesmo autor.

Na Idade Média, ter muitos filhos era algo de precioso, já que os pais não se interessavam pela educação dos seus filhos, como na Grécia ou em Roma, mas apenas pela sua utilização como força de trabalho e na guerra. A reprodução e a fertilidade eram norma e sinal de qualidade e saúde, embora a mortalidade infantil fosse elevada. As mulheres da nobreza casavam cedo. Apesar do elogio da procriação, a baixa esperança de vida, a alta mortalidade infantil e as limitações económicas restringiam o tamanho da família, sobretudo no campo. Contudo, o aborto continuava a existir e a provocar morte de mulheres e as crianças não desejadas eram abandonadas, sendo muitas vezes recolhidas pela Igreja.

Algumas mulheres são acusadas de práticas contraceptivas. Consideradas por alguns padres e pregadores "animal sexual insaciável" são, juntamente com os sodomitas, acusadas por muitos elementos da Igreja como responsáveis pelos males do mundo. São tidas como causadoras de prática de bruxaria e magia, para evitarem a concepção nelas ou em inimigas suas[26].

Mas esta doutrina da Igreja, de acordo com Flandrin (1981), nunca foi recebida passivamente pelas populações. Cada meio social adaptava-as às suas necessidades, aos seus hábitos e às suas crenças tradicionais. Diferentes autores apresentam posições diferenciadas sobre a forma de adaptação das populações às doutrinas e princípios morais então existentes; Ariès adoptou uma posição radical, já que

---

[25] Bantman, 1997.
[26] Ibidem.

afirmava que a contracepção seria impensável nesta época[27]. Ao contrário, Flandrin considera que não poderia admitir-se que não pudesse haver separação entre acasalamento e procriação. Haveria muitos católicos que não só não apoiavam as posições da Igreja como também não as seguiam.

Até ao século XIII, as teorias da fecundação seguem as ideias de Aristóteles, que considerava que a mulher contribuia para a fecundação somente com o sangue menstrual; o final da menstruação seria o período mais fértil da mulher e seria nessa altura que o esperma deveria entrar no útero, que estaria irrigado por sangue novo, actuando neste como se fosse fermento, dando origem ao embrião ao fim de 40 dias. O prazer feminino não tem, segundo esta teoria, nada a ver com a fecundidade; já o mesmo não pensava Galeno, que considerava que só poderia haver fecundação se a mulher atingisse o orgasmo[28]. A separação entre casamento e prazer nunca foi seguida em todas as regiões do ocidente cristão e se se considerava que no homem o prazer é indissociável da ejaculação, a mulher seria assim e de acordo com as teorias da Igreja, aquela que não teria direito ao prazer. É também neste aspecto que Flandrin (1981) considera que terá havido transgressões.

---

[27] Citado por Flandrin, 1981, p.109.
[28] Flandrin, 1981.

4. DA REFORMA AO NEOMALTHUSIANISMO

Depois da Reforma, o clero protestante refere-se menos à condenação da sexualidade do que o clero católico. Calvino condenava o onanismo, mas considerava que a sexualidade deveria ser vivida com alegria. Lutero chegou mesmo a acusar os católicos de misoginia pelo seu ideal celibatário, o que não os impedia no entanto de afirmar que a procriação era a razão de existência das mulheres[29]. A Igreja Católica, que até aí tem normas rígidas sobre a forma de vida das pessoas, é forçada a refrear essas posições no início da Idade Moderna, por falta de apoio popular em relação aos seu excessos normativos.

Mas a contracepção continua a ser considerada como pecado, mesmo entre os confessores mais brandos e, por falta de divulgação, há uma regressão clara em relação aos conhecimentos contraceptivos, comparativamente a outras épocas; a feitiçaria e a magia têm então influência importante na tentativa de controle da natalidade[30]. Contudo, permanecia a ideia de que a contracepção era pecado mais grave entre casados do que entre solteiros. Embora lamentando que as melhores famílias limitassem o número de filhos, considerava a Igreja que as grandes famílias pobres eram um fardo, advertindo os confessores de que não deveriam interrogar demais os que as evitavam[31].

---

[29] McLaren, 1990.
[30] Bantman, 1997.
[31] McLaren, 1990.

Em relação à demografia nesta época, verifica-se que entre o século XVI e XVIII há um adiamento da idade do casamento e o celibato era frequente[32]. As razões económicas são importantes: nas classes em que o filho varão herdava fortuna e terras, muitos dos mais novos ficavam celibatários; nas classes em que a independência económica era exigência para a constituição de uma família, o trabalho no campo ou na cidade precedia por uns anos o casamento. Até aí, a moral vigente propunha a castidade. Este casamento tardio constituiu indirectamente uma forma mais ou menos eficaz de controle demográfico. Segundo Flandrin (1981), os teólogos empenhados na reflexão sociológica demonstraram periodicamente a necessidade do celibato eclesiástico e de continência no casamento, por argumentos que coincidem com argumentos malthusianos que vão surgir em época posterior.

Na Europa do século XVII, começa a acreditar-se pouco em bebidas, poções ou ervas que impeçam a procriação. A frequência do coito interrompido aumenta nos séculos XVII e XVIII, também por iniciativa das mulheres, em relações conjugais e extra-conjugais, pelo medo da gravidez ou do parto, mas as críticas a esta prática não diminuiram. A maioria da população manteria, contudo, as práticas contraceptivas tradicionais; a continência era a forma mais comum de impedir os nascimentos e o acto sexual era evitado em certas fases do calendário litúrgico e agrícola, na gravidez e depois do parto. Flandrin (1981) refere "uma epidemia de enxaqueca" em que as mulheres francesas evitavam os maridos, e no século XVIII até já os confessores consideravam que elas tinham o direito de se recusar a ter relações sexuais.

Como se verifica pelo exemplo anterior, neste período a influência da Igreja sobre os hábitos da sociedade continua a reduzir-se e o Estado passa a assegurar o controle legal sobre algumas práticas sociais, de que o aborto e o infanticídio são exemplos.

A descoberta das trompas de Falópio em 1560 e a busca do óvulo por Harvey, os avanços de Vesálio nos estudos da Anatomia,

---

[32] Flandrin, 1981.

a observação ao microscópio de úteros e testículos de que se destacam as informações dadas pelos trabalhos de Hamm e Leeuwenhoek em 1677 sobre a observação dos espermatozoides humanos, pareciam prometer nos séculos XVII e XVIII uma nova compreensão do processo da reprodução. Contudo, esta compreensão era ainda incipiente, já que se considerava como na Grécia, que a mulher era apenas o receptáculo do ovo em formação. Só em 1667 Stensen, bispo dinamarquês, argumentou que antes do coito, os testículos femininos tinham ovos e, portanto deveriam chamar-se ovários, e em 1775 Spallankani demonstra que óvulos e espermatozoides são ambos indispensáveis à formação do embrião. Ainda se negava a teoria "das duas sementes" de Galeno e continuava a negar-se a complementaridade de ambos os sexos no processo da concepção. Em 1839, Schleinen e Schwann criam a teoria celular, considerando que o embrião se forma a partir de uma única célula.

O aborto continuou a ser um método de recurso de controle da fertilidade e o coito interrompido começa a ser praticado em mais larga escala, independentemente das proibições da Igreja. Em muitas descrições era atribuida esta prática à influência das mulheres em relações extra-conjugais: esponjas e tampões começam a ser descritos no século XVI como sendo usados por prostitutas, para se precaverem de uma gravidez. O marquês de Sade refere-se quer a esponjas, quer a preservativos como "petit sac de peau de Vénise"[33]. Flandrin (1981) não encontrou referência a uso destes objectos nos confessores de mulheres casadas, o que significaria que seriam usados essencialmente em relações extra-conjugais. Na Inglaterra do século XVII foram feitas tentativas para policiar o casamento; o sexo pré-nupcial era considerado crime. O número de filhos ilegítimos aumenta, já que surgem duras leis contra o infanticídio. Estas atitudes são assumidas, de acordo com McLaren (1990), por se considerar então que as mulheres tinham entrado numa via de desregramento.

---

[33] McLaren, 1990.

As legislações contra o infanticídio levam as mulheres a praticar o aborto, muitos dos quais eram apresentados como naturais. Mantém-se a ideia de que as mulheres casadas, até à animação, eram livres de tentar restabelecer a sua menstruação. Em Inglaterra, esta ideia era tradicionalmente aceite; o aborto só era socialmente considerado crime quando havia movimentos fetais. Em França, as regras não eram tão liberais e os farmacêuticos eram obrigados a jurar que não vendiam produtos abortivos. Embora a Igreja até ao século XIX tenha continuado a distinguir o aborto antes e depois da animação, Sisto V, no contexto de uma campanha contra as prostitutas de Roma, em 1588, considerou o aborto e a contracepção como actos homicidas, mas Gregório V anulou em 1591 esta decisão[34].

O endurecimento das leis contra o infanticídio, entre o século XVI e o século XVIII, leva a grande abandono de crianças e também a uma maior prática do aborto. Um pouco por todo o lado, mas sobretudo em França, surgem hospícios para crianças abandonadas, o que terá levado mais tarde a que fosse a França o primeiro país a preocupar-se com o controle dos nascimentos.

Outra das razões terá sido o facto de a França ser um país onde, sobretudo nas classes elevadas, as crianças eram ainda entregues a amas de leite após o nascimento, ao contrário do que se passava em Inglaterra e em outros países da Europa em que a tradição de prolongar o aleitamento, técnica preconizada por médicos como medida contraceptiva e de protecção da saúde dos recém-nascidos, tinha levado eficazmente a um espaçamento das gravidezes de dois anos e a mais baixa mortalidade neonatal. Tal facto contribuía para uma maior taxa de gravidezes sucessivas e maior taxa de mortalidade infantil em França do que em Inglaterra. Segundo Philippe Ariès[35], as crianças começaram nesta época a ser encaradas de uma forma diferente, havendo da parte dos pais e dos adultos preocupações afectivas e de cuidados, o que não acontecera até aí. A contracepção começava então a ser encarada como forma de reduzir o número de

---

[34] McLaren, 1990.
[35] Citado por Flandrin, 1981, p.158.

filhos e de os espaçar, compreendendo as francesas que a redução do número de filhos melhorava a sua saúde.

Até ao século XVIII, pouco se tinha avançado na prática médica obstétrica para além dos conhecimentos hipocráticos: a vida era frágil, a obstetrícia primitiva e a mortalidade materna atingia 25 por 1000 nados-vivos. A partir deste século, a ciência médica começa a desenvolver-se e a saúde reprodutiva é assumida pelo obstetra, que passa a assistir aos partos das classes superiores. Os médicos estavam então na primeira linha de combate ao aborto: assenhoreando-se progressivamente de tudo o que dizia respeito à saúde reprodutiva, com a obstetrícia a nascer, tornaram-se aliados da Igreja e do governo no combate ao aborto. Segundo McLaren (1990), à medida que os médicos era chamados a dar opiniões sobre saúde reprodutiva e se encarregavam dos abortos, as mulheres perdiam o direito a eles. Em França, um decreto de 1791 afirmava que quem praticasse um aborto ilegal era processado e em 1803 surge a primeira lei inglesa criminalizando a prática do aborto. Outras se lhe seguiram nos Estados Unidos da América e em França.

No século XVIII há uma mudança nas relações dos casais, que se tornam dominadas pelo amor e galanteria. Os maridos franceses preocupam-se com o facto de as suas esposas terem 10% de hipóteses de morrer de parto, taxa essa superior à inglesa, onde os cuidados obstétricos estavam mais desenvolvidos. O número de filhos decresce abruptamente e, neste período, volta a dissociar-se a procriação do prazer sexual e a considerar-se novamente o prazer e a felicidade como fazendo parte da legítima aspiração dos indivíduos. Não parece ter sido só o ideal romântico que motivou a contracepção, mas sim também interesses económicos; numa altura de grande desenvolvimento populacional, não havia interesse em dividir a propriedade por muitos filhos. Também entre católicos parece ter havido preocupação com a limitação do número de filhos: segundo Flandrin (1979), muitos católicos não seguiam os princípios da Igreja, o que terá levado o bispo de Mans em 1842 a lamentar que, embora os jovens casais não quisessem já ter uma prole numerosa, não fossem capazes de se abster do acto sexual. Haveria no século

XVIII em França, de acordo com o mesmo autor, uma libertação da moral conjugal em relação à vigilância eclesiástica, e a forma que a Igreja encontra de integrar este ideal romântico nos seus preceitos é considerar que o casamento é uma relação amorosa legitimada pelo sacramento. Talvez um facto marcante desta época seja que a contracepção passa a ser socialmente justificada para limitar o número de filhos do casal, mas também para assegurar a saúde da mulher e dos filhos[36].

De entre os países da Europa que mais investiram durante este período no planeamento da família, está a França: os franceses usam muito mais do que noutros países o coito interrompido e o preservativo masculino que fora descrito em 1564 por Gabriello Falopio. Constituído por uma cobertura de linho para a glande, o preservativo é utilizado inicialmente para proteger os homens da sífilis, mas no século XVIII passou a ser reconhecida a sua eficácia contraceptiva. O preservativo passa então a ser feito de intestino de carneiro e esterilizado em mercúrio. Apesar de utilizado como contraceptivo, continuou o seu uso para protecção contra doenças sexualmente transmissíveis. Eram vendidos em bordeis em Londres, Paris, Berlim e S. Petersburgo, se bem que a associação a doenças venéreas limitasse a sua utilização por parte de casais[37]. No século XIX são muito utilizados e divulgados, embora a publicidade e a venda pública sejam proibidas, em nome da defesa da moralidade e das leis contra a pornografia. Estas leis manter-se-ão intactas até ao aparecimento da SIDA no final do século XX[38].

---

[36] McLaren, 1990.
[37] Ibidem.
[38] Ibidem.

5. O SÉCULO XIX E O NEOMALTHUSIANISMO

Segundo os demógrafos, as taxas de fertilidade mantiveram-se estáveis entre os séculos XVI e XVIII. Embora a contracepção não fosse muito utilizada, o casamento tardio e a alta mortalidade mantiveram a taxa de população estável. A partir do século XVIII, as taxas de mortalidade descem, mas as de natalidade não. Com a revolução industrial antecipa-se a idade do casamento e entre 1750 e 1850 há uma explosão demográfica[39].

Em 1798, Thomas Malthus, um pastor evangélico, com o seu livro "Ensaio sobre a População" alerta para o facto de a população estar a crescer segundo uma progressão geométrica, enquanto os bens de subsistência cresciam segundo uma proporção aritmética, o que a curto prazo iria criar problemas de subsistência[40]. Até então, o aumento populacional era saudado como levando a uma maior prosperidade[41]. Malthus, aplicando a sua teoria de restrição moral, considerava que a única forma de os pobres conseguirem participar no progresso da sociedade seria reduzindo o número de filhos de cada família. Não sendo defensor da contracepção ou do aborto, considerava que os mais pobres deveriam ter restrições ao casamento, essencialmente um casamento tardio, abstinência sexual fora do casamento e redução do relacionamento sexual ao mínimo no casamento[42]. Ape-

---
[39] Ibidem.
[40] Brasil, 1932.
[41] McLaren, 1990.
[42] Ronsin, 1980.

sar de a sua teoria ter sido muito criticada, Malthus foi o primeiro a fazer da evolução da população a chave da economia política[43].

A França é o único país que no século XVIII conhece um controle da natalidade. Resistências por parte dos camponeses em dividirem as suas terras por muitos filhos e os desejos da burguesia em manter um estilo de vida faustoso são as razões que explicam nesta época uma taxa de natalidade entre os franceses muito inferior à de outros países da Europa[44]. Também as classes médias na Inglaterra e na Alemanha imitarão a França nos anos seguintes e baixarão a sua taxa de natalidade, para manterem o nível de vida. Nesta fase, este controle surgiu espontaneamente numa sociedade urbanizada. Com a publicitação em França, em finais do século XVIII, das práticas para o controle da fertilidade, surge o movimento para o controle de nascimentos, havendo quem defendesse métodos artificiais para evitar a miséria. Apesar de condenadas por uma parte importante dos doutrinadores, ao longo do século XIX estas teorias vão espalhar-se pela Europa e América do Norte.

Os seus efeitos sentiram-se desde logo em Inglaterra. Desde o início deste século debatia-se como é que se poderia diminuir a miséria da classe operária inglesa em plena revolução industrial. Jeremy Bentham, Francis Place, Robert Owen e Drysdale aceitavam o ponto de vista de Malthus da relação entre demografia e desenvolvimento económico, mas contrapunham-lhe a necessidade da contracepção, baseando-se no exemplo francês.

Trinta anos depois da saída do livro de Malthus, Francis Place escreve uma série de brochuras destinadas à classe operária, defendendo a contracepção, tendo sido criada em Inglaterra em 1877 a Liga Malthusiana. Paradoxalmente, os ataques de que foi alvo contribuiram para lhe dar grande divulgação, tornando-a conhecida em vários países da Europa. Em 1881 na Holanda, em 1886 na Alemanha e em França em 1896 surgem organizações análogas à inglesa[45].

---

[43] Ibidem.
[44] McLaren, 1990.
[45] Nazareth, 1982.

Estava criada uma nova corrente que foi apelidada de neomalthusianismo, que gerou debates, sobretudo em França e Inglaterra, sobre a contracepção e os seus objectivos. Estes debates são coincidentes com a vulcanização da borracha e a sua utilização em numerosos objectos, nomeadamente o preservativo, que é largamente divulgado[46]. A adesão ao neomalthusianismo partiu de vários sectores: uns queriam apenas reduzir o número de pobres, mas outros aceitaram estas ideias por serem livres pensadores ou libertários.

Havia várias correntes entre os adeptos do neomalthusianismo. Caracterizando-se genericamente pela defesa de métodos contraceptivos para limitar os nascimentos, havia os que achavam que essa limitação de nascimentos devia aplicar-se essencialmente a pobres, doentes e incapazes. Argumentos de que a taxa de natalidade deveria baixar entre proletários porque o aumento de número de filhos iria agravar a miséria, o desemprego e a baixa de salários[47], misturavam-se com questões que se relacionavam com métodos de selecção da espécie, ou com o facto de a redução da superpopulação trazer melhores padrões de vida; havia ainda claros argumentos responsabilizando a estrutura económica do capitalismo pela miséria a que estavam votadas as classes inferiores e outros que defendiam estas teorias mas que as aplicavam também em defesa das mulheres, considerando que a contracepção permitiria dignificar a mulher, "libertando-a da tirania da maternidade, podendo ela ter filhos quando quiser e puder"[48].

Tendências conservadoras e sectores dirigentes da sociedade capitalista tinham interesse em que os trabalhadores fossem numerosos, de modo a poderem ser recrutados a baixos salários, mas temiam por outro lado que grande número de proletários pudesse pôr em causa a estabilidade económica e social[49].

---

[46] Bantman, 1997.
[47] Brasil, 1932.
[48] Brasil, 1932, p.395.
[49] Nazareth, 1982.

Entre adeptos do neo-malthusianismo estavam correntes anarquistas e anarco-sindicalistas, que acusavam as classes dirigentes de pretenderem exércitos de trabalhadores a baixo custo, e foi desta corrente que saiu a propaganda à "greve dos ventres". Este termo foi primeiramente utilizado pela francesa Marie Huot, defensora da contracepção para as mulheres como forma de recusa da maternidade, que colabora com a Liga Malthusiana do seu país, para dela se afastar posteriormente. A França terá sido, no entender de Ronsin (1980), o país em que o neomalthusianismo mais se desenvolveu. Contava com figuras militantes, de que se deve destacar Paul Robin, cuja obra foi marcada pela defesa do feminismo e pelo combate ao ostracismo a que eram votadas as mulheres. No jornal "Régeneration", órgão da Liga de Regeneração Humana, falando do futuro das técnicas contraceptivas, afirmava que o método perfeito, ainda por encontrar, e que para ele seria a salvação da humanidade, deveria ter várias características: depender só das mulheres, não ter efeitos nocivos, ser barato, não necessitar de ajuda médica para utilização, ser de eficácia absoluta e não exigir nada para o seu emprego que antecedesse ou precedesse o coito[50]. Curiosamente, estes continuam a ser os princípios de um contraceptivo ideal.

Para muitos neomalthusianos ligados a correntes libertárias, as técnicas contraceptivas e o direito à gestação voluntária constituíam não uma forma de conforto individual ou familiar, mas a base de uma estratégia que permitisse uma mudança da ordem social e criasse uma humanidade livre e fraterna[51].

Algumas mulheres participam no movimento; por exemplo, Alice Drysdale Vickery cria a União Internacional das Mulheres para a Regulação de Nascimentos, a que adere a Liga dos Direitos das Mulheres. Mas as organizações feministas francesas mais conhecidas, como o Conselho Nacional das Mulheres, opõem-se frontalmente a estas posições. Este Conselho propõe em 1911 uma petição ao Senado pela proibição do ensino de métodos contracepti-

---

[50] Ronsin, 1980.
[51] Ibidem, p.22.

vos e para agir contra o aborto, em nome da ordem e do pudor, alegando que essas seriam as virtudes essencialmente femininas[52].

De entre os métodos contraceptivos que então permitiam uma maior segurança, destacam-se as esponjas contraceptivas para as mulheres e os preservativos para os homens; o coito interrompido, já tradicionalmente conhecido, era provavelmente o mais utilizado, embora no final do século XIX tivesse sido atacado por Freud, por poder causar problemas psíquicos ao casal.

Em 1844, o conhecimento do processo de vulcanização da borracha permitiu que, a partir da década de 50, se pudessem adquirir preservativos de borracha a preços mais acessíveis. Em 1882 foi vulgarizado por Mensinga, médico alemão, o pessário de borracha para introdução vaginal, que foi o antecessor do diafragma. Mensinga pretendia proteger as mulheres com problemas de saúde de uma gravidez não desejada. O pessário metálico, de alumínio e platina, introduzia-se com aplicador especial e como todos os diafragmas tinha por objectivo impedir o contacto dos espermatozóides com o colo do útero. Segundo Brasil (1932), tinha a vantagem de poder ser introduzido logo após uma menstruação e ser apenas retirado na menstruação seguinte. As casas comerciais começaram também a fornecer pós e geleias ácidas espermicidas; a companhia Rendell, em Inglaterra, divulgou os supositórios vaginais de quinino; seguiram-se fabricos caseiros com manteiga de cacau e glicerina. Nas últimas décadas do século XIX, os contraceptivos e abortivos eram anunciados em revistas e jornais e vendidos em barbearias e farmácias[53]. Muitos neomalthusianos eram contra o aborto e usava-se já o termo "procriação consciente e responsável"[54], para demonstrar que a informação sobre contracepção era importante para que os casais pudessem escolher o número de filhos que queriam, no entender de uns, ou para o "aperfeiçoamento e conservação da raça humana", como argumentavam outros.

---

[52] Ibidem.
[53] McLaren, 1990.
[54] Brasil, 1932, p.419.

Os médicos opunham-se em geral ao "controle artificial" da fertilidade; muitos interessavam-se pelo método natural de "abstinência periódica" e alguns achavam que as relações sexuais deveriam ser adiadas até 10 a 12 dias após a menstruação; sabe-se hoje que estavam errados e que esse é, em regra, o período fértil. Contudo, a abstinência sexual contribuiu de alguma forma para limitar os nascimentos. Os outros métodos continuavam a ser o aleitamento e o casamento tardio. Havia apelos à classe operária para que prolongasse o aleitamento para espaçar os nascimentos, o que também protegia os filhos de doenças. A Igreja vê-se obrigada a moderar o seu discurso, mas mantém-se fiel opositora da contracepção.

O conhecimento científico da fertilização do ovo levou a considerar a concepção como um processo instantâneo e não um processo prolongado como até aí era considerado, até à animação. Os médicos serviam-se destes conhecimentos para condenarem o aborto em qualquer estadio e traçaram uma divisão nítida, até aí inexistente, entre contracepção e aborto. Este já não era mais um processo de "regularização da menstruação". Mas, para a generalidade das mulheres, estes conceitos não foram tidos em conta e a subida do número de abortos em todo o mundo desde meados do século XIX reflectia o desejo de famílias pouco numerosas[55].

Em França, em finais do século XIX, haveria entre 100.000 a 500.000 abortos por ano[56]; nos Estados Unidos, haveria 1 milhão de abortos por ano, dos quais 5% eram fatais e 80 a 85% eram realizados em mulheres casadas[57]. A maior parte dos países ocidentais criou leis contra o aborto; os médicos estavam à frente destas campanhas, quer para destruírem a competição profissional das parteiras, quer para imporem conceitos relativos à protecção do novo ser. A Igreja Católica apoiou-os.

Em 1869, o papa Pio XI declarou que quem praticasse o aborto merecia a excomunhão, quer a animação tivesse tido lugar ou não.

---

[55] McLaren, 1990.
[56] Ibidem.
[57] Brasil, 1932.

Trata-se da primeira vez que a Igreja católica proibe o aborto em qualquer estadio de desenvolvimento embrionário. Pelo mesmo período, o direito criminal francês estabeleceu em 1867 que a mulher poderia ser processada por precipitar o aborto. Nos Estados Unidos da América, a lei federal contra o aborto surge só em meados do século XIX, mas alguns estados só criminalizaram o aborto já no século XX.

Entretanto, a venda de produtos para "garantir" a regularidade da menstruação começou a suplantar os medicamentos tradicionais: aloés, ferro, sabina, cravagem do centeio, quinino, óleo da raíz do algodão e poejo eram ingredientes comuns. Instrumentos como sondas, catéteres para instilação uterina ou para injecção uterina passam a substituí-los, sendo difundidos e usados por parteiras que se dedicavam a abortos. Se isto falhasse, o abandono em hospícios era a última solução.

A Igreja Católica tentou adiar ao máximo o confronto com os problemas do controle de nascimentos; acaba por aceitar a abstinência periódica, para evitar a interrupção do coito. Servia-se cada vez mais de argumentos de médicos para defender a abstinência. Entre médicos, eram escassos os que defendiam o controle de nascimentos e os diferentes métodos defendidos destinavam-se a proteger mães esgotadas por maternidades sucessivas, filhos deficientes ou com doenças. Apesar disso, em 1880, começam a ser descritos nas publicações médicas norte-americanas os diferentes métodos de controle de nascimentos.

Muitas feministas, que se preocupavam com a opinião pública sobre os conceitos de decência, ou com as mulheres solitárias, evitaram qualquer discussão sobre a contracepção. O seu medo era que, com a contracepção, o estatuto relativo à maternidade, que era o único estatuto que as mulheres possuíam, fosse perdido, tornando as mulheres ainda mais dependentes do homem. Mas ainda no século XVIII, mulheres como Helen Stocker e Marie Stritt, na Alemanha, ou Madeleine Pelletier, em França, defenderam o controle de nascimentos. A descoberta de Bischoff, Pouchet e Raciborski de que a ovulação ocorria cerca de uma semana após a menstruação, foi aclamada por feministas como a dr.ª Elizabeth Blackwell, que confirmou o papel de direito da mulher como "reguladora do acto sexual". Na Assembleia francesa, os que defendiam o controle da natalidade avançaram, na primeira década do século XX, a ideia de que as mulheres deveriam ser senhoras de si mesmas, senhoras do seu corpo[58].

Embora a classe operária tivesse sido alertada mais cedo para a necessidade de controlar a natalidade, as classes médias, que se renderam a esta ideia mais tarde, ultrapassaram-na claramente pela eficácia dos métodos utilizados. Mesmo entre mulheres operárias que começaram a encontrar trabalho fora de casa, a natalidade manteve-se alta até ao século XX. A grande entrada de mulheres no trabalho assalariado, desenvolvido em fábricas em condições deploráveis, bem como o trabalho infantil, que tinham sido características do início da revolução industrial, vão diminuindo lentamente, como resultado de exigências de sindicatos e partidos socialistas que, contudo, se dividiam em relação à importância de fornecer informação sobre contracepção aos trabalhadores. O trabalho doméstico, que na economia de subsistência tem valor social, já que as mulheres aí têm um papel na manufactura de bens de primeira necessidade, passa a ser, com o desenvolvimento do capitalismo e da indústria, parte integrante da esfera privada da vida de cada família – e as mulheres, que são quem o desempenha, vêem assim a sua actividade desvalorizada social e economicamente[59]. A importância da educação escolarizada e a redução da iletracia criam também maiores responsabilidades com o encargo dos filhos e ajudam também a uma maior consciencialização sobre a importância de reduzir o número de filhos.

A questão de saber a quem compete o controle da fertilidade coloca-se em finais do século XIX: o conceito de que o homem era demasiado impulsivo para se preocupar com estes aspectos, deu à mulher o papel primeiro na contracepção, através do uso de espon-

---

[58] McLaren, 1990.
[59] Artous, 1978.

jas e duches vaginais. Esta atribuição, segundo alguns autores, terá contribuído também para tornar as relações na família mais igualitárias e mais participativas.

No final do século XIX baixam na realidade as taxas de natalidade – dois filhos por família é a média dos franceses e ingleses e isso começa a criar alarme, causando reacções pro-natalistas. Medos de despovoamento começam a surgir em França a partir de 1860; em 1857 foi limitada a publicidade explícita aos contraceptivos. Nos EUA, em finais do século XIX, a propaganda sobre a contracepção e o aborto é violentamente atacada e os preservativos confiscados[60].

---

[60] McLaren, 1990.

6. O SÉCULO XX

A baixa taxa de natalidade em França preocupa os franceses. Em 1830, a família francesa reduzia-se em média a dois filhos e a natalidade baixou para menos de 30/1000. Nesse período, foram concedidos benefícios fiscais a famílias numerosas, para além de serem votadas leis, em 1920, contra a contracepção e o aborto[61]. Nos Estados Unidos a natalidade desceu 50% entre 1800 e 1900. Entre 1870 e 1920, houve o que os demógrafos chamam de "transição demográfica", com uma queda drástica da natalidade na Europa e na América do Norte. Este processo de redução do número de filhos que se regista na Europa Central e na Europa do Norte, estende-se então aos países da Europa Meridional.

Para essas tentativas contribuem correntes neomalthusianas que surgem nesses países, mas que são acusadas em toda a Europa de serem as causadoras da baixa de natalidade. Essa crítica é partilhada por correntes socialistas, que consideram que a superpopulação, a miséria e a guerra tinham como causas o modo de produção capitalista e a sua estrutura social, e que era necessário um grande número de proletários para a derrota do capitalismo, como argumentam Clara Zetkin ou Rosa Luxemburgo[62]. Mesmo Alexandra Kollontai, a mulher que mais se salientou no Partido Comunista Russo como adepta da participação das mulheres nos trabalhos públicos e na política, e cuja visão sobre a moral sexual era considerada no seu

---

[61] McLaren, 1990.
[62] Nazareth, 1982.

partido demasiado avançada, argumentava que o controle de nascimentos era uma reivindicação da pequena-burguesia, um egoismo pessoal de recusa da maternidade[63].

Em contrapartida, os defensores do desenvolvimento económico capitalista consideravam que uma população em declínio não permite desenvolver o espírito de iniciativa empresarial, embora continuando a causar encargos económicos ao Estado com a educação e saúde[64].

Por essa altura tem grande divulgação o diafragma. Hesse, alemão de origem, adaptou em 1881 o pessário de Messinga de forma a constituir dois artefactos oclusivos, que evoluiram para a capa cervical e para o diafragma. O diafragma de borracha era o método preferido na primeira clínica holandesa de controle da natalidade, surgida em Amsterdão em 1882[65]. Algumas mulheres nos Estados Unidos e em Inglaterra começam a interessar-se pelas novas técnicas de controle da natalidade dirigidas a mulheres, e delas devem destacar-se Ema Goldman, que em 1910 defende publicamente o controle da natalidade, e Margaret Sanger, enfermeira, que se apercebe que as mulheres nova-iorquinas das classes mais pobres têm inúmeras gravidezes não desejadas. Numa viagem à Europa, encontra em França razões de apoio às suas posições, no sentido de favorecer a contracepção, embora rejeitando uma perspectiva economicista como a que havia sido desenvolvida nas décadas anteriores. As suas primeiros brochuras são confiscadas pelo governo federal; neles defendia o uso de duches vaginais, preservativos e pessários. Conhece Mary Stopes em Inglaterra, que se dedicava a estudos sobre o controle da natalidade e sobre a sexualidade feminina e em 1923 fundara uma clínica de controle da natalidade. Regressada aos Estados Unidos, Sanger funda em Brooklyn uma clínica para o controle da natalidade, que é encerrada, sendo a sua responsável presa. Fundou então a Liga Americana pelo Controle

---

[63] Heinen, 1978.
[64] Nazareth, 1982.
[65] Greer, 1987.

da Natalidade e iniciou uma campanha para modificar a lei, por forma a poderem ser abertas clínicas para pobres com supervisão médica. Quer a clínica de Stopes, quer a de Sanger, destinavam-se essencialmente a acolher mulheres pobres, mas procuravam também informar sobre a sexualidade feminina, procurando integrar a contracepção na actividade sexual e no prazer sexual[66]. Sanger era adepta do diafragma, enquanto Stopes defendia a capa cervical, que já provara menor eficácia do que o diafragma, facto que mereceu a crítica de alguns colegas[67]. Sanger e Stopes opunham-se frontalmente ao aborto.

O número de abortos era elevado na década de 20; na Alemanha havia 100.000 abortos por ano e 5.000 a 8.000 mortes de mulheres como consequência das suas complicações, sendo casadas três quartos delas[68]. Havelock Ellis, médico, afirmava que as mulheres não tinham remorsos dos abortos provocados nos três primeiros meses de gravidez e não eram capazes de entender a imposição jurídica e médica da recusa do aborto.

A legalização do aborto na Rússia, na sequência da revolução de 1917, em nome da saúde das mulheres, confirmou que se tratava de uma intervenção segura, se realizada em condições adequadas; ao mesmo tempo, as leis dos mais importantes países europeus apenas permitiam o aborto para defesa da vida da mulher. Ficavam assim sob alçada da criminalização sobretudo as mulheres com menos recursos, pois as mulheres das classes mais altas conseguiam que os médicos atestassem como terapêutico um aborto que não o era[69].

As leis proibitivas de 1920 em França não têm qualquer eficácia no aumento de nascimentos; durante a Iª Guerra, a baixa de natalidade mantém-se, apesar de não ter baixado a nupcialidade. A crise económica dos anos trinta baixa ainda mais a natalidade, que só

---

[66] McLaren, 1990.
[67] Greer, 1987.
[68] McLaren, 1990.
[69] McLaren, 1990.

apresenta uma aumento entre 1938 e 1964, com um ano record de nascimentos em 1947[70].

Sem contracepção, o infanticídio e o abandono, embora menos frequentes do que em outras épocas não são, contudo, raros. O aborto sobe em flecha e as mulheres pobres entregam-se às mãos de abortadeiras, algumas sem escrúpulos (as "fazedoras de anjos"), sendo a mortalidade e morbilidade por aborto elevadas. Por essa altura, os neomalthusianos começam a defender o aborto, em nome da liberdade individual, quando a contracepção era fortemente punida. Paul Robin afirmava na altura que "os médicos não devem contentar-se em praticar abortos em segredo; devem reivindicar com energia o direito de o praticarem quando é individual e socialmente útil; as decisões de abortar não dependem senão da mulher grávida e não do corpo médico"[71].

Alguns médicos opunham-se ao controle de nascimentos por razões morais; mas na Inglaterra e na América, temiam a perda de respeitabilidade, por recomendarem as mesmas técnicas que Stopes e Sanger, que não eram médicas, recomendavam; outros ignoravam simplesmente a contracepção. Até à década de 50, as técnicas contraceptivas foram negligenciadas pela maior parte das escolas médicas inglesas, o mesmo acontecendo nos Estados Unidos da América; colocar um diafragma era considerado prática desprestigiante para médicos. Contudo, a American Medical Association reconheceu, numa resolução de 1937, a importância da contracepção. A depressão económica dos anos trinta foi a verdadeira razão, no entender de McLaren (1990), para os médicos reconhecerem a contracepção, e não tanto a mudança dos seus ideais.

A Igreja Protestante, nos anos 30, considerava a contracepção como de objectivo utilitário, poupando à sociedade custos sociais elevados; quanto à Igreja Católica, pela voz da encíclica de Pio XI "Casti Connubi", mantinha a sua oposição ao controle artificial da

---

[70] Ronsin, 1980.
[71] Ronsin, 1980, citado na p.196.

natalidade. Nesse contexto, o método de Ogino e Knauss, o método da temperatura e de abstinência periódica, agora que já se sabia mais alguma coisa sobre a fisiologia do ciclo de fertilidade das mulheres, foi aceite e tornado público como resposta à posição protestante. Pelo seu elevado grau de insucesso, foi apelidado de "roleta do Vaticano"[72]. Apresenta, como método contraceptivo, uma alta falibilidade, mas obtém sempre e, até hoje, a anuência de largos sectores da Igreja. Pio XI afirmava: "Qualquer uso do matrimónio em que, pela malícia humana, o acto seja destituido da sua natural força procriadora, é contrário à lei de Deus e da Natureza"[73].

Os métodos masculinos foram sendo suplantados pelos femininos a partir dos anos 30. Em Inglaterra, a percentagem de casais da classe média que utilizavam métodos contraceptivos de barreira subiu de 9% para 40% entre 1910 e 1930; entre a classe trabalhadora, o aumento foi de 1% para 28%. O coito interrompido era ainda o método mais popular no global da população; seguiam-se a continência periódica e o diafragma[74]. A fertilidade da classe trabalhadora decaiu mais rapidamente do que a das classes média e alta, mas a dimensão das famílias estava dependente do método contraceptivo usado. O facto de o diafragma ser de difícil colocação e exigir apoio médico limitava o seu uso pelas classes trabalhadoras. Para muitos políticos conservadores, a adesão à contracepção tinha a ver com o facto de as famílias reduzidas trazerem menos custos à segurança social que as famílias numerosas; não eram portanto razões de direitos, mas sim razões económicas que os motivavam.

Na década de 20, Grafenberg, na Alemanha, anuncia a invenção de um dispositivo intra-uterino de ouro e prata. Stopes aplicou a algumas mulheres dispositivos desses, a que chamou "alfinete de ouro"[75].

---

[72] McLaren, 1990.
[73] Citado por Nazareth, 1982.
[74] McLaren, 1990.
[75] McLaren, 1990.

A II.ª Guerra Mundial atrasou na Europa toda a movimentação pelo controle da natalidade; Estaline, em 1934 aprova na URSS um novo código de família, proibe o aborto, em nome da baixa de população e concede vantagens às mães e famílias numerosas[76]; os regimes fascistas eram ferozes opositores da contracepção e do aborto, embora na Alemanha desenvolvessem experiências médicas com mulheres por eles consideradas como incapazes, e esterilizassem outras. Apesar destas medidas, o aborto ilegal continuou por todo o lado.

Em 1933, o Partido Comunista francês elabora um projecto lei de protecção materno-infantil, divulgação da educação sexual e anti-conceptiva e autorizando, em certos casos, o recurso ao aborto. Por esse ano, alguns médicos propõem-se ensinar, num centro, a utilização dos métodos anti-concepcionais. O termo "controle de nascimentos" passa a substituír por essa altura o de neomalthusianismo. Em 1939, em Inglaterra, a "National Birth Control Association" tornou-se a "Family Planning Association".

O Movimento francês pelo Planeamento Familiar só será formado nos anos 50, lutando contra a oposição da Igreja Católica. A pílula contraceptiva, que apareceu em França nos anos 60, é apresentada como medicamento contra a esterilidade do casal, uma vez que ainda era proibida a propaganda e venda de contraceptivos[77]. A legalização do planeamento familiar só será votada em 1967, por proposta de um deputado gaullista. O boom de bébés do pós-guerra nunca conseguiu ser devidamente explicado, já que em Inglaterra as clínicas de controle da natalidade foram integradas no Serviço Nacional de Saúde, o mesmo sucedendo em outros países. Este "baby boom" foi mais elevado na América do Norte do que na Europa e fez ressurgir a família de três filhos.

O crescimento populacional do Terceiro Mundo e a ameaça comunista foram encarados como uma ameaça social à ordem

---

[76] Volkova, 1978.
[77] Ronsin, 1980.

mundial. Preocupações eugénicas faziam temer que as "nações brancas" fossem submersas pelas "nações negras e asiáticas". Estes factores terão levado Rockefeller e Ford a apoiar financeiramente o Conselho da População, fundado em 1951[78]. As teorias malthusianas da demografia estavam de volta; a solução seria uma contracepção segura e barata e financiaram-se investigações nesse sentido. Rockefeller financiava investigadores europeus e americanos que estudavam as acções das hormonas da ovulação. Margaret Sanger viu também, à semelhança do que sucedera na Europa, a sua Liga Americana para o Controle da Natalidade ser integrada na Federação Americana para a Paternidade Planeada (APPF); ela própria procurava um contraceptivo eficaz, que tornasse a vida das mulheres mais simples. Pincus, que fazia estudos em biologia experimental sobre a acção das hormonas na ovulação, é estimulado por Sanger a prosseguir e, financiado entre outros por Katherine McCormick, uma feminista milionária, defensora do controle da natalidade, consegue obter hormonas sintéticas capazes de inibir a ovulação. As experiências e testes em mulheres porto riquenhas e em mulheres de Boston são coroadas de êxito. Rock, um ginecologista católico que se tinha oposto à contracepção, mas que estava assustado com o excesso populacional no Terceiro Mundo, afiança aos católicos que a pílula era um "contraceptivo natural" que poderia ser usado por eles. Quando a Igreja condena a pílula em 1969, aceitando o seu uso apenas por indicação médica para tratar doenças relativas à fertilidade ou com elas associadas e nunca para efeitos contraceptivos[79], já havia muitos católicos que a utilizavam[80]. O facto de esta contracepção ser hormonal e apoiada na ciência leva muitos médicos a apoiá-la e a prescrevê-la. A expressão "planeamento familiar" substitui a anterior designação de "controle de nascimentos"[81].

---

[78] Nazareth, 1982.
[79] Nazareth, 1982.
[80] McLaren, 1990.
[81] Nazareth, 1982.

As consequências em relação aos efeitos verdadeiramente revolucionários da utilização da pílula pelas mulheres, não foram concerteza previstas pelos que participaram no financiamento para a sua investigação, se bem que o uso de pílulas de alta dosagem tivessem alguns efeitos secundários e os erros de utilização baixassem a sua eficácia. É reforçada a responsabilidade feminina na contracepção e os homens são dela cada vez mais desresponsabilizados.

A questão do aborto foi surgindo cada vez mais como uma questão de direitos das mulheres e as campanhas pela sua legalização começam a conquistar apoiantes. Até esta época, sobretudo as mulheres das classes trabalhadoras consideravam que contracepção e aborto eram um continuum de medidas de controle da natalidade; para elas, o aborto significava ainda "restabelecer a menstruação" ou "regularizar a menstruação".

Entretanto, continua o aborto clandestino, com mortalidade materna, o que preocupa os médicos. Alguns juristas consideram que as leis não eram cumpridas e a sua persistência não tinha interesse. Apesar disto, segundo Nazareth (1982) a Igreja, em 1968 e através da Encíclica "Humanae Vitae", de Paulo VI, considera que, em função "da visão humana e cristã do matrimónio, devemos declarar que é absolutamente de excluir, como via legítima para a regulação de nascimentos, a interrupção directa do processo generativo de nascimentos já iniciado, e sobretudo o aborto querido directamente e procurado, mesmo por razões terapêuticas". Estas opiniões não impedem o reforço do movimento a favor da legalização do aborto, que aumenta em muitos países europeus e na América do Norte, considerando que a lei ignora a definição de saúde da Organização Mundial de Saúde. Também a não aceitação pela Igreja nesta Encíclica de qualquer contracepção, para além dos métodos naturais, seja ela por métodos de barreira ou hormonais, levou a um desapontamento de muitos jovens casais católicos que, após o nascimento de um segundo ou terceiro filho com a utilização de métodos naturais, começam a usar contracepção hormonal.

Nas décadas de 60 a 80, as leis do aborto foram reformuladas nos países em que os movimentos tinham já grande significado. Com a legalização, há uma redução da mortalidade e morbilidade associadas ao aborto clandestino, mas o controle continua na mão dos médicos e a estigmatização continua a existir, bem como as dificuldades de acesso[82].

A taxa de natalidade atinge níveis mais baixos do que no início do século; enquanto no início do século havia 20% de mulheres que não tinham filhos porque não casavam, hoje muitas das mulheres têm filhos, mas existem famílias mais pequenas.

A protecção que os preservativos conferem perante as doenças sexualmente transmissíveis revitalizou e tornou quase obrigatório o seu uso, sobretudo depois dos anos 80, com o aparecimento do SIDA. A esterilização definitiva é hoje aceite por muitos casais, após completarem a dimensão familiar desejada.

Contudo, o temor da superpopulação continua a levar à contracepção e a esterilizações forçadas, sobretudo em países do Terceiro Mundo, na América Latina e na Ásia. As taxas de aborto em países em que a contracepção é de uso regular, mostra que a adaptação à contracepção nem sempre é fácil. O perfil etário e social dos grupos em que a taxa de aborto é elevada varia de país para país: nos Estados Unidos, há taxas de aborto de 40% sobre o total de gravidez/ano, a maior parte em jovens de menos de 19 anos sendo mais de metade solteiras; nos países da Europa de Leste, a maioria das mulheres tem mais de 20 anos e só 13 a 37% são solteiras[83]. A gravidez na adolescência surge agora como um problema em muitos países.

O aborto continua a depender da aceitação médica. O aparecimento da Mifepristona, ou RU 486, um inibidor da progesterona, a hormona que se eleva essencialmente na segunda fase do ciclo menstrual e que é de grande importância no início do desenvolvimento embrionário e da implantação, poderá tornar possível no

---

[82] McLaren, 1990.
[83] Ibidem.

futuro que as mulheres possam controlar melhor as gravidezes não desejadas, exercendo com este fármaco aquilo que outrora muitas consideravam ser "a regulação da menstruação", podendo também assumir mais autonomamente o aborto quando utilizam terapêuticas médicas para a interrupção da gravidez e podendo não necessitar de internamento em clínicas ou hospitais, quando abortam. Como sempre, e de acordo com McLaren (1990) "a verdade é que as mulheres não querem abortos; precisam deles".

7. DIFERENTES LEGISLAÇÕES SOBRE ABORTO NO MUNDO

De acordo com dados da International Planned Parenthood Federation (IPPF, 1997), há em todo o mundo 210 milhões de gravidezes por ano, terminando em aborto 46 milhões, ou seja um aborto em cada cinco gravidezes, sendo ilegais 44% dos abortos realizados anualmente. Mesmo em condições ideais em que todos teriam acesso a métodos contraceptivos modernos e os usassem correctamente, haveria uma estimativa de 6 milhões de gravidezes não planeadas, pela simples razão de que nenhum contraceptivo é 100% eficaz.

De acordo com dados de 1999, de todas as gravidezes que surgem anualmente 38% não são planeadas e 22% das gravidezes não desejadas terminam em aborto[84]. Nos países desenvolvidos há 28 milhões de gravidezes por ano e 49% não são planeadas, terminando 38% das que não são desejadas em aborto[85].

Actualmente, 40% da população mundial vive em países em que o aborto é legal e obtido a pedido da mulher; 25% vive em países em que o aborto é sujeito a uma lei altamente restritiva sendo só permitido para a defesa da vida da mulher; e as restantes vivem em países em que há uma lei com algumas restrições sendo na maior parte das vezes permitido por doença materna ou doença fetal afectando a qualidade de vida ou em situações de violação[86].

---

[84] Henshaw, 1999.
[85] Allan Guttmacher Institute, 1999.
[86] Henshaw, 1990.

Esta distribuição é contudo, desigual. Cinquenta e três países, com 25% da população mundial, impedem o aborto, a não ser que seja para defesa da vida da mãe; 44 países, que correspondem a 35% da população mundial, têm leis que permitem o aborto em situações médicas mais alargadas, mas não por razões socio-económicas, ou a pedido da mulher; 40% da população mundial vive nos países que permitem o aborto por razões sociais, médicas ou a pedido da mulher, estando incluídos neste grupo alguns dos países mais populosos, como a China, Estados Unidos da América e Rússia.

Em todo o mundo, as preferências reprodutivas e o comportamento variam em função das características socio-económicas e sub-grupos demográficos. A família desejada, o desejo de ter mais filhos ou de limitar o seu nascimento, variam em ambientes rurais e urbanos, de acordo com os níveis educacionais e com a idade do casamento.Também dependem do padrão de uso da contracepção[87].

Desde a segunda metade do século XIX até à II.ª Guerra Mundial, a maior parte dos países tinha leis altamente restritivas, à excepção da União Soviética que legalizou o aborto em 1920 e depois o proibiu. Após 1950, na Europa Central e Oriental, e entre 1960 e finais de 1980, a maior parte dos países da Europa e da América do Norte descriminalizaram o aborto. A Bélgica e a Irlanda mantinham leis que criminalizavam todas as formas de aborto, mas os belgas descriminalizaram-no em 1990. O aborto a pedido da mulher foi aceite na Grécia em 1986, assim como na Checoslováquia.[88] A Roménia é um país onde o aborto foi legal de 1957 a 1966; nessa data e até 1990, foi proibida a contracepção e o aborto; os abortos ilegais aumentaram, atingindo níveis muito superiores aos anteriormente realizados e o número de crianças abandonadas era enorme.

Nos EUA, na era Reagan, as seguradoras de alguns Estados restringiram os pagamentos de abortos para pessoas com menos recursos económicos; em cinco Estados é exigida autorização dos pais

---

[87] Bankole, 1999.
[88] Ibidem: p. 36.

a menores de 18 anos e no Missouri e Pennsylvania foram proibidos os abortos em hospitais e clínicas[89].

Nos países da Europa oriental, a taxa de aborto é muito elevada (90/1000 mulheres em idade fértil/ano). Há nestes países uma alta taxa de aborto e continua a existir uma baixa taxa de utilização de contraceptivos, apesar dos esforços no sentido de melhorar a situação desde 1985, sendo o aborto muitas vezes usado compulsivamente como método regulador dos nascimentos[90]. Há países, como o Bangladesh, onde há leis restritivas à prática do aborto, mas em que se aceitam métodos para "regular a menstruação"; no Japão os contraceptivos são aceites para "regular a menstruação", mas não para a contracepção; o aborto, que é legal, tem uma incidência grande[91].

As estatísticas sobre o aborto no mundo não são fáceis de estabelecer; se existe facilidade relativa nos países em que o aborto é legal e realizado em instituições de saúde, o mesmo não se passa nos países em que há leis restritivas para a sua prática, ou em que o aborto é feito em instituições privadas não sendo contabilizados; a OMS faz assim estimativas por técnicas "indirectas" e têm em conta estudos em que há relação entre abortos com complicações que são tratadas em hospitais e os nascimentos nesses hospitais[92]. Para esta instituição estas fontes têm sempre um grau significativo de inadequação e daí a importância de estabelecer estimativas o mais actualizadas e correctas possíveis. Os números referentes a abortos podem ser apresentados como taxa de aborto, o que corresponde ao número de abortos por 1.000 mulheres em idade reprodutiva por ano, ou segundo o ratio que indica o número de abortos por 100 nados vivos por ano[93].

Na maior parte dos países desenvolvidos, a taxa de aborto oscila entre 10 a 19/1000, mas, nos Estados Unidos e na Austrália

---

[89] Henshaw et al, 1999.
[90] Ibidem: p.37.
[91] Ibidem.
[92] Henshaw, 1990.
[93] Kulczycki et al, 1996.

a taxa é de 22-23/1000. Quatro países da Europa têm taxas de aborto inferiores a 10/1000 (Holanda, Bélgica, Alemanha, Suíça). Se fizermos a avaliação por continentes, a Europa tem taxas de aborto de 48/1000, sendo na Europa oriental de 90/000 e na Europa ocidental de 11/1000; os países em que há leis restritivas sobre o aborto na Europa ocidental são Malta, Portugal, Polónia e a Irlanda. Na América Latina há uma taxa de aborto de 37/1000, sendo apenas legal em Cuba, em Porto Rico e em pequenos países das Caraíbas. Na Ásia há 33/1000 abortos sendo dois terços deles legais; a África tem cerca de 33/1000 abortos, sendo ilegais e com leis altamente restritivas na maior parte dos países africanos[94].

Estima-se que em cada ano, 19 milhões de mulheres, confrontadas com uma gravidez não programada e não desejada, se arrisquem às consequências de um aborto inseguro. Aproximadamente 70.000 mulheres morrem e centenas ou milhares sofrerão as consequências de um aborto inseguro. Dessas mulheres, cerca de 96% provêm dos países mais pobres do mundo. Das 500.000 mortes maternas por ano, 13% são devidas às consequências de um aborto inseguro e 50% destas mortes ocorrem em países em desenvolvimento[95].

Em Setembro de 2006, os líderes dos principais países mundiais deram o seu aval em relação aos direitos de saúde da mulher na maternidade, ao aceitarem nas Nações Unidas os Objectivos de Desenvolvimento para o Milénio, comprometendo-se a reduzir a mortalidade materna e a melhorar a saúde das mulheres. Apesar disso, a política do presidente Bush nos Estados Unidos através da "Global Gag Rule" recusa-se a financiar organizações estrangeiras que apoiam a prática de aborto, condicionando assim a defesa dos direitos reprodutivos[96].

---

[94] Henshaw et al, 1999.
[95] IPPF, 2006.
[96] IPPF, 2006.

8. O ABORTO NO MUNDO ACTUAL

A universalidade do fenómeno da gravidez não desejada indica assim que em todo o mundo as mulheres e os casais têm dificuldades em planear os nascimentos com sucesso. As razões para o não uso de uma contracepção eficaz podem ir desde o desconhecimento à falta de acesso, ao medo dos efeitos colaterais, oposição do parceiro, ou podem ser criados pela simples ambivalência e ainda pela auto-percepção de que não se engravida. Todos estes aspectos traduzem um atraso ou pouca eficácia de políticas de educação para a sexualidade ou ainda o pouco e desigual desenvolvimento e eficácia de serviços de aconselhamento contraceptivo. Os diferentes métodos contraceptivos podem também falhar e, de facto, a eficácia real decorrente do seu uso é muito inferior à que é apresentada nos estudos biológicos: assim, nos EUA, a taxa de falha efectiva da pílula no primeiro ano de utilização é oito vezes superior à taxa de falha habitualmente descrita, por esquecimento, interferências medicamentosas ou outras razões. De acordo com dados dos EUA de 1998[97], de metade a três quintos das mulheres que engravidam têm uma gravidez não planeada e, destas, 50% recorre ao aborto.

Em muitos países em desenvolvimento, pelo menos 40% dos nascimentos recentes são inicialmente resultantes de uma gravidez não desejada. Mesmo quando se pretende ter uma grande família, há 10 a 20% de gravidezes que não são planeadas.

---

[97] Henshaw, 1999.

Assim, numa avaliação feita por continentes, a qual fornece dados sobre as diferentes situações socio-económicas[98], verifica-se que na África sub-Sahariana as razões económicas são as mais frequentemente apresentadas para se decidir uma interrupçãode gravidez; na Ásia, as razões primeiras são a limitação do número de filhos; na América Latina, as razões são socio-económicas, a juventude e problemas relacionais com o parceiro; enquanto que nos países desenvolvidos existe a razão da juventude e de espaçar ou limitar o número de nascimentos, essencialmente na Europa Oriental. Se se fizer a relação com grupos etários, verifica-se que o aborto é mais frequente entre os 20 e 29 anos. Se o grupo entre os 15-19 anos constitui entre 12 e 29% das mulheres em idade reprodutiva, as adolescentes não constituem um grupo desproporcionado de aborto, embora em alguns países, como a Nigéria, constituam 25% das mulheres e realizem 53% dos abortos[99]. Nos grupos mais jovens, com menos de 25 anos, a razão primeira para o aborto é adiar ou espaçar uma gravidez; nos grupos de mais de 35 anos é não querer mais filhos .

O aborto no primeiro trimestre, realizado sob forma médica ou cirúrgica, por profissionais bem treinados, acarreta baixa taxa de complicações. Para além das 10 semanas, os riscos aumentam em cada semana. O risco de um aborto tardio, no segundo semestre, é três ou quatro vezes superior ao de um aborto do primeiro trimestre[100]. É, pois, importante garantir segurança na realização dos abortos e esta só poderá ser garantida se o aborto ilegal for desaparecendo, através da descriminalização da lei nos países em que o aborto é regulado por leis restritivas ou muito restritivas.

Globalmente, as complicações do aborto inseguro levam a 100.000 mortes de mulheres por ano. Estima-se que 13% de todas as mortes maternas por ano sejam secundárias a complicações de aborto inseguro e, em algumas áreas, o aborto inseguro contribui

---

[98] Ibidem.
[99] Henshaw, 1999.
[100] IPPF, 1997.

para 50% das mortes maternas. Estas questões são importantes, porque se trata de mortes evitáveis, se o aborto for feito em condições de segurança[101]. Em países em que o aborto é legal, a taxa de mortalidade materna é de 0,6/100.000 abortos legais por ano, como se registou nos Estados Unidos da América entre 1979 e 1986, segundo os dados disponíveis. Nos países desenvolvidos, a mortalidade associada à maternidade é 11 vezes superior à de todos os abortos realizados em condições de segurança e 30 vezes superior à dos abortos seguros realizados até à oitava semana de gestação.

Nas situações de aborto clandestino, a morbilidade por aborto ocorre mais vezes em mulheres mais jovens e não casadas; na Zâmbia, 60% das mulheres hospitalizadas por complicações têm entre 15 e 19 anos e no Uganda dois terços das mulheres hospitalizadas pertencem a este grupo etário[102].

A Europa é a região do Mundo que tem tanto as mais elevadas como as mais baixas taxas de aborto, havendo neste continente as leis mais liberais mas também as mais restritivas. Muitos países europeus têm uma lei que garante a autonomia da mulher, já que permitem o aborto a pedido da mulher até à 12.ª semana. Nesses países, o aborto é possível para assegurar a saúde da mulher, para garantir a saúde física e mental e ainda nas situações de incesto ou violação, excepto na Irlanda. Contudo, apesar da legislação que permite que a mulher possa fazer um aborto, este nem sempre é possível: por razões económicas (nem sempre é reembolsado), por causa da objecção de consciência dos profissionais de saúde, nomeadamente dos médicos, ou por atrasos no sistema de saúde. Estes factores discriminam sobretudo as mulheres mais pobres[103].

Em todo o mundo a gravidez não desejada na adolescência é uma realidade. O início da actividade sexual surge em idades mais precoces e o uso de contracepção eficaz não é uma prática comum

---

[101] Kulczycki et al., 1996.
[102] Bankole, 1999.
[103] IPPF EN, 2000.

em muitos jovens de ambos os sexos. As diferentes taxas de gravidez não desejada e de aborto na adolescência em diferentes países e a sua ligação à forma como é implementada a educação sexual e a responsabilização pela contracepção, mostram que, embora a idade das primeiras relações sexuais não seja diferente nos diferentes países estudados, a diferença em relação à gravidez na adolescência ou à prática de aborto neste grupo reside na utilização ou não de contracepção eficaz.

Quando as jovens pretendem interromper a gravidez, alguns países estabelecem barreiras legais, através da obrigação legal do consentimento de um ou dos dois progenitores (como acontece em alguns estados dos Estados Unidos). Algumas leis não contêm cláusulas em relação às menores (como a lei belga, por exemplo). A autonomia dos menores para a decisão sobre actos médicos é algo que se coloca na discussão sobre este assunto, havendo nalguns quadros legais a definição da idade a partir da qual a/o jovem tem autonomia de consentimento. Um outro ponto de debate é o que define que actos médicos necessitam dessa autorização, havendo uma barreira em relação ao risco da intervenção; também aqui os conceitos são ou podem ser diferentes, colocando-se a contracepção e o aborto entre os actos médicos ou intervenções de baixo risco.

Por outro lado, a técnica utilizada tem vindo a evoluir com os conhecimentos médicos. A 28 de Setembro de 2000 a FDA (Food and Drug Administration) dos EUA aprovou o uso da Mifepristona (também conhecida pelo nome de RU486), nome que lhe foi dado em França, o primeiro país a utilizar este produto em 1988. É usada para a realização do aborto médico, uma alternativa ao aborto cirúrgico, nas primeiras 7 a 9 semanas de gestação (49 a 63 dias após o 1.º dia da última menstruação) de acordo com os diferentes protocolos aprovados nos países. Correspondeu assim a um avanço em relação aos riscos do aborto cirúrgico, mas também tornou possível o aborto em ambulatório, sem necessidade de internamento hospitalar.

O exemplo da experiência francesa foi seguido em outros países da Europa, nomeadamente no Reino Unido e na Suécia em

1991 e 1992, havendo neste momento um significativo número de países que podem disponibilizar este fármaco para uso nas gestações precoces, tendo uma alta eficácia se usado associado a uma prostaglandina ou análogo (Misoprostol) e apresentando as mulheres que o utilizaram um alto grau de satisfação. O aborto médico é uma alternativa para a mulher que, após um correcto aconselhamento, pode assim escolher entre aborto médico e aborto cirúrgico.

9. A SITUAÇÃO EM PORTUGAL

Como em outros países europeus, em Portugal as taxas de mortalidade começaram a baixar significativamente no século XX. O declínio da natalidade só começou a notar-se entre as duas guerras[104]. A especificidade económica de Portugal permitiu contudo que nunca tivesse havido a subida da taxa de natalidade que se verificou em outros países da Europa, com a revolução industrial. Ainda nos finais do século XIX e princípios do século XX, no norte de Portugal, onde a pequena propriedade e o morgadio impediam a divisão da propriedade, o casamento era tardio e a percentagem de celibatários atingia os 30%; no Sul, onde dominava a grande propriedade com o proletariado agrícola, casava-se mais cedo e a taxa de celibato era de 10%. No norte diminui a idade do casamento quando começam os fluxos migratórios internos para zonas urbanas e a emigração. Nunca houve, portanto, explosão demográfica e, embora só nos anos 70 se tenha ouvido falar verdadeiramente em planeamento familiar, as taxas de crescimento da população eram inferiores a 2%[105].

Contudo, houve em Portugal, entre o início do século e a I.ª Guerra Mundial, alguma actividade da corrente neo-malthusiana, cujos principais representantes pertenciam, tal como em França, à corrente libertária, sendo simultaneamente os seus objectivos a divulgação da contracepção e a luta contra o capitalismo, responsá-

---

[104] Nazareth, 1982.
[105] Ibidem: p.42.

vel pela baixa qualidade de vida das classes inferiores[106]. A primeira referência em Portugal às teses neo-malthusianas surgiu em 1902, na tese de doutoramento do dr. Ângelo Vaz, da Escola Medico--Cirúrgica do Porto. Nos primeiros anos de actividade destas correntes o centro difusor de propaganda estava localizado no Porto, havendo também difusão para Espanha e para o Brasil. O semanário anarquista "A Vida" é o principal meio de divulgação de conferências internacionais. A partir de 1909, o centro de difusão passa para Lisboa, sendo o jornal "O Agitador" em 1911, o de maior divulgação destas ideias. Apesar de estar já implantada a República, a repressão a estas ideias leva ao encerramento do jornal e o centro difusor passa a ser Setubal, através do jornal "Germinal", entre 1912 e 1913. Há alguma adesão a estas ideias entre médicos e farmacêuticos. O essencial da acção neomalthusiana era a recepção de informações, publicação de brochuras, divulgação de receitas e produtos anticoncepcionais, enviando produtos para quem o desejava e dando consultas sumárias.

Havia diversas opiniões entre os neomalthusianos; uns estavam ligados ao movimento operário e outros não. Entre estes, deve destacar-se o prof. Egas Moniz, para quem as principais razões de defesa da corrente eram a necessidade de limitar os nascimentos, tal como Malthus sugerira, para prevenir o nascimento de doentes ou tarados, predominando portanto os fundamentos eugénicos. Para os primeiros, tratava-se da defesa e fortalecimento do proletariado para o combate; alguns também defendiam a necessidade de a sexualidade ser vivida com prazer e com amor[107].

A repressão que se fez sentir com a República deveu-se ao facto de se teorizar sobre a separação entre a sexualidade e procriação, o que chocava com toda a ideologia até aí predominante sobre o papel da mulher na sociedade; outras motivações para a repressão residiam no desafio moral que estas questões impunham, numa sociedade em que os valores da Igreja Católica eram dominantes,

---

[106] Freire, 1982.
[107] Freire, 1982.

mesmo entre as elites governantes da República. Também os operários não acolheram bem estas ideias.

Eram aconselhados, como métodos contraceptivos, os que existiam até aí: preservativos masculinos, pessários oclusivos ou diafragmas para as mulheres, bem como espermicidas. Em relação aos métodos naturais, que implicavam a abstinência periódica, tal como se disse anteriormente, eram utilizados de forma altamente falível, porque havia erros sobre a consideração do período fértil.

O aborto era recusado pelos neomalthusianos; os médicos consideravam que era a destruição de um ser e, para as correntes libertárias, havia a noção de que era algo de perigoso, que punha em risco a vida da mulher. Tal como noutros países, segundo Freire (1982), a propaganda anticoncepcional foi muito mais aplicada pelos sectores da burguesia do que pela classe operária, a quem originalmente se destinava. A divulgação destas ideias termina em 1913, quando Afonso Costa limita as acções deste movimento com medidas repressivas, que podiam ir até 2 anos de prisão, considerando entre outras coisas, que se tratava de propaganda pornográfica[108]. A propaganda cessou; apenas o jornal "A Humanidade", editado pela associação de classe do Pessoal dos Hospitais Civis Portugueses, apresenta referências ao neomalthusianismo; aí escreviam enfermeiros, farmacêuticos e médicos. Segundo Freire (1992), o jornal "O Socialista", de 1912, ataca o neomalthusianismo e a farmácia Nobre Martins por venda de produtos que permitem "que a mulher pratique desafrontadamente o coito, sem perigo de conceber".

Nunca houve referência, na propaganda das feministas portuguesas, ao neomalthusianismo. As suas várias organizações, como a Liga Republicana das Mulheres Portuguesas ou o Conselho Nacional das Mulheres Portuguesas, e as suas militantes mais conhecidas, Ana de Castro Osório, Maria Veleda e Adelaide Cabete, têm por preocupações essenciais a protecção à infância, à educação, a promoção do papel social das mulheres e dos seus direitos políticos,

---

[108] Freire, 1982.

a resposta à prostituição e ao aborto, sempre ignorando a questão da contracepção[109].

Entretanto, entre 1920-24 e 1925-29, a taxa de natalidade baixou de 18%. As taxas de fecundidade (número de gravidezes/1000 mulheres em idade fertil/ano) baixaram também, de 143,1 em 1911-12, para 125,0 em 1920-21 e para 113,0 em 1930-31. Freire (1982), referindo-se ao trabalho de Bacci (1972), escreve que este autor considera que houve um padrão de baixa fertilidade no sul, o que não sucedeu no norte, provavelmente por vivências da religiosidade e tradições diferentes. A taxa de natalidade é também mais baixa nos centros urbanos que nos rurais, não se conhecendo nestes casos a influência real que teve a propaganda neomalthusiana, que foi silenciada após escassos anos de actividade. Freire (1982), referindo-se ao trabalho de Nazareth (1977), considera que, embora para este autor não seja completa a explicação da diferença de padrões de religiosidade, o declínio da fecundidade começa no sul por volta de 1911 e acelera a partir de 1930. As taxas de aborto são elevadas e, segundo Freire, são referidas em todos os estudos como tendo sofrido um aumento, com crescente morbilidade e mortalidade.

De acordo com o Código Penal Português de 1886, o aborto era penalizado no Artigo 358.º com dois a oito anos de prisão maior, havendo a atenuante de a pena poder ser apenas de prisão até dois anos, se a mulher pretendesse ocultar a sua desonra.

Os estudos sobre a situação do aborto em Portugal na primeira metade do século XX são escassos e destaca-se o do Prof. Costa Sacadura que, em 1924, numa conferência, inicia um ataque feroz à prática de abortos[110]; este ataque é secundado por bispos e médicos. Após o fim da República vota-se, no 1.º Congresso Nacional de Farmácia, a proibição da venda de contraceptivos e abortivos. Sacadura (1937) considerava que "nas cidades estavam constituídas verdadeiras empresas de abortamento"; depois de afirmar que todos os estratos da sociedade o praticavam, conclui que "em Portugal, o número

---
[109] Ibidem.
[110] Freire, 1982.

de abortos cresce assustadoramente". Referindo-se às complicações do aborto clandestino, o mesmo autor afirma que entraram em 1928, na Maternidade Magalhães Coutinho, 764 mulheres por complicações resultantes de abortos. Defensor da ilegalização e repressão do aborto, embora reconhecendo as consequências graves da sua prática clandestina, pela sua experiência pessoal, já que era director da Maternidade Magalhães Coutinho, considerava que era "uma baixeza moral e desfaçatez" recorrerem as mulheres ao hospital com graves complicações resultantes de terem praticado clandestinamente um aborto.

Freire (1982), a propósito da forte oposição de alguns médicos à contracepção, cita o Dr. Salazar de Sousa (1939), que afirmava que "estas doutrinas pretendem encobrir, com o rótulo de necessidade cientificamente provada, o que não é mais do que egoismo e baixeza moral, trazendo como consequência, uma assustadora baixa de natalidade". No Congresso Nacional das Ciências da População em 1940, declara-se "Guerra aos corvos sinistros da restrição da natalidade"[111].

Álvaro Cunhal, na sua tese de licenciatura de 1940, "O Aborto, Causas e Soluções" considerava que, apesar da ilegalização e da repressão, grande número de mulheres recorria ao aborto. Não havendo estatísticas, fruto da ilegalidade, os números eram difíceis de obter. Contudo, o número de acidentes de gravidez ultrapassava o número de partos e, se o número de mortes em partos era de 3% entre 1918 e 1920, o número de septicémias puerperais, na maior parte após um aborto clandestino, fazia subir para 43,6% o número de mortes[112].

Para este autor, há uma ligação clara entre as baixas condições socio-económicas da população e o recurso ao aborto clandestino. A repressão revelava-se juridicamente incapaz na sua aplicação: entre 1912 e 1923 houve menos de 10 condenações por ano e, em 1933, atinge-se um número máximo de 30. Cunhal considera, pois,

---

[111] Ibidem.
[112] Cunhal, 1997.

completamente ineficaz a ilegalização, através da definição do aborto como crime. Pela sua não aplicação, seria inadequada, já que também não era a ilegalização e a repressão que impediam o recurso ao aborto em más condições, "incluindo a morte"[113].

Após considerar que a luta contra o aborto passa por criar condições socio-económicas melhores para a população, refere a mudança de mentalidades, uma nova moral sexual e o reconhecimento dos direitos das mulheres como passo importante para mudar as mentalidades. Na impossibilidade de se liquidarem as causas do aborto, considera importante limitar as suas causas nocivas, "legalizando o aborto, já que o aborto legal seria indiscutivelmente menos perigoso do que o aborto clandestino". Há pois, diferentes opiniões que se expressam desde o princípio do século XX.

Covas[114], analisando a situação demográfica em Portugal e a situação da família portuguesa, considera que o modelo português de família tradicional se prolonga pelo século XX e só nos anos 60 e 70 com o forte êxodo rural e o surto migratório adquiriu as características da família europeia do princípio do século XX. Também os casais, com a redução da dimensão da família portuguesa, se começaram a preocupar com a realização pessoal e a felicidade dos seus membros e a educação dos filhos. Mais tarde, com a revolução política de Abril de 1974, assiste-se no país a modificações políticas, económicas e sociais de que se deve destacar o acesso massivo das mulheres à educação e a sua confirmação como elemento constituinte do mercado de trabalho. A mulher e o casal passam a controlar melhor a sua fecundidade e há uma redução do número de filhos. Segundo esta autora, Portugal conheceu entre 1960 e 1989 a maior diminuição do número de nascimentos dos países da União Europeia (44,4%); é esta a fase mais importante da transição demográfica portuguesa.

Só em 16 de Março de 1976, por despacho do então Secretário de Estado da Saúde, Dr. Albino Aroso, considerado consen-

---

[113] Ibidem.
[114] Covas, 1986.

sualmente como o pai do Planeamento Familiar em Portugal, são criadas consultas de planeamento familiar nos Centros de Saúde, tendo em conta que o planeamento familiar "tem uma acção de diminuição da morbilidade e mortalidade materna e infantil, tem uma acção preventiva contra o aborto cujos números calculados são da ordem dos 100.000, com funestas consequências na saúde materna"[115].

Também com a entrada de maior número de mulheres em profissões, algumas das quais exigem anos de formação e profissionalização, a idade de nascimento do primeiro filho sobe. Em 1987 estava em 25,9 anos, tendo tendência a subir, e as taxas máximas de fecundidade estão no grupo etário de 25-29 anos[116]. A explicação, segundo esta autora, resulta do facto de em Portugal, a acumulação de responsabilidades profissionais e dos encargos domésticos pertencer grande parte das vezes às mulheres, o que faz com que a decisão de ter filhos tenha de ser ponderada e o controle da fertilidade seja essencialmente assumido por elas. Segundo a mesma autora, "falta saber se a quebra da natalidade seria ou não contrariada, se os homens não se demitissem tanto de determinadas funções e papéis ligados ao exercício da paternidade"[117].

Mas irão manter-se os abortos clandestinos, punidos até 1984 pela lei incluída no Código Penal de 1886. O certo é que a luta pela despenalização do aborto só começa a ter eco em Portugal a partir de 1979. Para explicar este facto tem sem dúvida influência, de acordo com Manuela Tavares[118], o peso da Igreja Católica e a existência de um regime autoritário durante 48 anos, que dificultam a discussão de temas relacionados com a sexualidade. Analisando a posição sobre este tema dos diferentes partidos com maior expressão eleitoral, esta autora afirma que o atraso na sua explicitação se relaciona "com concepções conservadoras existentes no seu seio e

---

[115] CCF, citada por Nazareth, 1982.
[116] Covas, 1986.
[117] Ibidem.
[118] Tavares, 2000.

com o receio de enfrentarem o poder da Igreja Católica na sociedade portuguesa"[119].

Em 1982, são apresentados ao Parlamento três projectos-lei da autoria do Partido Comunista Português, relativos ao alargamento do planeamento familiar, à importância da educação sexual e à legalização do aborto realizado a pedido da mulher até às 12 semanas de gestação, invocando razões económico-sociais. Os dois primeiros são aprovados e o terceiro é recusado, em votação em Novembro de 1983. Nesse mesmo ano, o Partido Socialista apresenta outro projecto-lei, que é votado favoravelmente a 23 de Janeiro de 1984. Entra em vigor a lei 6/84, tendo o seu articulado sido revogado com a entrada em vigor do Código Penal de 1 de Outubro de 1995. De acordo com o referido Código, o aborto é punível com crime contra a vida intra-uterina com 2 a 8 anos de prisão, de acordo com os artigos 140.º e 141.º, não sendo punível a interrupção da gravidez segundo o seu artigo 142.º sempre que esteja em causa a situação de saúde física ou psíquica da mulher grávida, podendo realizar-se até às 12 semanas nos estabelecimentos de saúde oficiais ou oficialmente reconhecidos, podendo realizar-se por situação de doença grave ou malformação do nascituro nas primeiras 16 semanas da gravidez ou, se houver indícios de que a gravidez resultou de crime contra a liberdade e auto-determinação sexual, até às 12 semanas da gravidez.

Entre 1984 e 1990, houve 222 queixas de crime de aborto na Polícia Judiciária; e 1220 mulheres foram sujeitas em 1987 a exames medico-legais no Instituto de Medicina Legal por os seus nomes estarem numa agenda que estava na posse da polícia. Desde o primeiro referendo em 1998 até 2004, foram registados 223 crimes de aborto pelas polícias, tendo havido 37 mulheres processadas e 17 condenadas.

A lei uma vez em vigor foi insuficientemente cumprida pelos serviços de saúde; deve referir-se que a situação portuguesa é completamente diferente da espanhola, em termos de cumprimento da lei, embora os dois países tenham legislações semelhantes. A dife-

---

[119] Ibidem.

rença reside no facto de o governo espanhol, um ano após a modificação da lei, ter aberto à iniciativa privada a prática de interrupções de gravidez, uma vez que constatou que o sector público era incapaz de resolver todos os casos contidos na lei. Isso trouxe uma mais liberal interpretação da lei e uma maior resposta no sector privado que no público, o que nunca se passou em Portugal.

Há também outros factores a ter em conta e não menos importantes; a opinião pública espanhola assumiu desde muito mais cedo que em Portugal a discussão pública de temas associados à sexualidade, como a sexualidade na adolescência, num espírito de abertura muito diferente. Mas há outras explicações possíveis; segundo Ferreira[120], as organizações de mulheres de Espanha são numerosas e activas, dando apoio a mulheres, enquanto que as organizações de mulheres portuguesas, estando ligadas a partidos políticos, nunca deles se conseguiram autonomizar para porem esta questão na sua agenda; em segundo lugar, a autora pensa que a atitude dos médicos portugueses é de pouca colaboração com uma prática diferente, por "medo da crítica social exercida sobre a prática clínica"[121]. Ferreira considera que o debate nos momentos de discussão do aborto no Parlamento foi, quer em 1983 quer em 1984 "muito masculinizado e partidarizado"[122], além de ser centrado sobre o não cumprimento da lei e a saúde das mulheres, e não sobre direitos das mulheres, ou o conflito de interesse "entre o direito de as mulheres escolherem e o direito do feto à vida"[123]. A posição pró-escolha, segundo esta autora, deveria colocar-se em relação à responsabilidade e à liberdade individual, já que muitas mulheres que professam uma religião, seja ela qual for, no momento de decidirem sobre um aborto, o fazem em nome da individualidade e da responsabilidade.

Em 1997, foi modificada a lei nos dois pontos relativos à doença fetal, por se considerar sob o ponto de vista científico que

---

[120] Virgínia Ferreira, 1996.
[121] Ibidem.
[122] Ibidem.
[123] Ibidem.

estes prazos eram demasiado restritos para se fazer o diagnóstico de doença fetal. A legislação portuguesa, contida no Código do Processo Penal de 1999, mantém o aborto como crime contra a vida intra-uterina, nos seus artigos 140.° e 141.°, sendo não punível, de acordo com o artigo 142.° se: "a) constituir o único meio de remover perigo de morte ou de grave e irreversível lesão para o corpo ou para a saúde física ou psíquica da mulher grávida; b) se mostrar indicada para evitar perigo de morte ou de grave e duradoura lesão para o corpo ou para a saúde física ou psíquica da mulher grávida e for realizada nas primeiras 12 semanas de gravidez; c) houver seguros motivos para prever que o nascituro virá a sofrer de doença incurável, de grave doença ou malformação congénita e for realizada nas primeiras 24 semanas de gravidez, comprovadas ecograficamente ou por outro meio adequado de acordo com a legis artis, exceptuando-se as situações de fetos inviáveis, caso em que a interrupção poderá ser praticada a todo o tempo; ou d) a gravidez tenha resultado de crime contra a liberdade e auto-determinação sexual e a interrupção for praticada nas primeiras 16 semanas"[124].

Comentando juridica e socialmente a situação do aborto em Portugal, a jurista Conceição Brito Lopes escreve: "Assim, e nos termos da lei, a mulher nunca pode decidir livremente interromper a gravidez. Há sempre algo ou alguém que decide por ela e que autoriza, ou não, o aborto"[125].

De fora ficaram os dois aspectos que levam maior número de mulheres a abortar: as razões de não poderem economicamente ter um filho e as razões de ordem social, mantendo-se portanto na clandestinidade a maior parte das interrupções de gravidez.

Em 1997 e em 1998, o Partido Comunista Português apresenta na Assembleia da República um projecto-lei sobre a despenalização do aborto até às 12 semanas da gravidez, a pedido da mulher; nesse mesmo ano, em 5 de Fevereiro de 1998, são votados na Asssembleia da república os projectos-lei do PCP e da Juventude Socialista, que

---

[124] Código do Processo Penal, 1999.
[125] Lopes, 1996.

incluía o aborto, a pedido da mulher, até às 10 semanas de gravidez. O projecto-lei do PCP não passa por 3 votos e o projecto-lei da JS é aprovado. Nesse mesmo dia, o PS realiza um acordo com o PSD para a realização de um referendo sobre o aborto.

Em 28 de Junho de 1998 teve lugar a votação do referendo, sendo o seu resultado não vinculativo, por haver 68,1% de abstenções; a resposta "Sim" à pergunta do referendo obteve 49% dos votos expressos e a resposta "Não" obteve 51% de votos.

Durante o período de debate, que durou perto de quatro meses, foram apresentados publicamente vários movimentos e campanhas; a favor do "Não" a campanha "Não mates o Zezinho" e o movimento "Juntos pela Vida", enquanto favor do "Sim" foi criado o movimento "Sim pela Tolerância". Mais uma vez, o debate foi muito pouco participado pelas mulheres e, na opinião pública, os porta-vozes das posições partidárias foram as vozes dominantes. Os movimentos de mulheres e de opinião, enquanto estruturas autónomas, tiveram pouca participação.

Manteve-se assim a lei portuguesa, que é restritiva, em comparação com as outras leis europeias. Portugal, a Polónia e a Irlanda do Norte são considerados os países europeus com as leis mais restritivas e que levam as mulheres a recorrer ao aborto inseguro, ilegal, ou a encontrarem dificuldades financeiras resultantes da única alternativa possível: recorrerem ao aborto num país em que seja possível a pedido da mulher[126].

Continua a ser difícil fazer uma avaliação exacta da dimensão do aborto clandestino e das suas complicações. O Inquérito à Fecundidade e Família[127], considera que "é importante destacar que, muito em especial neste domínio, os resultados devem ser analisados com precaução, dado o enquadramento legislativo da IVG e a natureza íntima do tema"[128]. Neste trabalho foram considerados como interrupção voluntária da gravidez "os abortamentos não

---

[126] IPPF, 2002.
[127] INE, 1997.
[128] Ibidem.

espontâneos realizados por razões médicas ou outras"[129]. Da análise por grupo etário, verifica-se que o grupo dos 15 aos 19 anos tem uma taxa de aborto de 0.3%, sendo o grupo etário com 45-49 anos o que apresenta mais alta percentagem, da ordem dos 10%.

O estudo da idade em que ocorre a primeira interrupção de gravidez revela que, até aos 19 anos, a percentagem é de 1%; entre 20 e 24 anos, atingem-se valores de 3 a 4% e entre os 25 e 29 anos, atingem-se valores de 5 e 7%. Como conclusão sobre estes dados, adianta-se "ser possível que os baixos valores nas idades mais jovens se devam, quer à menor actividade sexual, quer à relutância em mencionar o aborto nessas idades"[130].

Quando são avaliadas as interrupções de gravidez em mulheres que engravidaram em determinado grupo etário, verifica-se que entre 10 a 40% das gravidezes ocorridas entre os 35 e 44 anos terminaram em IVG; depois dos 45 anos, o valor é mais expressivo: em cada 100 gravidezes ocorridas, quase 70 terminam em interrupção de gravidez. Como conclusão, os autores avançam que "falhado o recurso à contracepção (por desconhecimento, não utilização, contra-indicação ou ineficácia do método) as grávidas com idade mais avançada preferem não aumentar a sua descendência e optam com frequência por interromper a gravidez"[131].

Os ratios entre o número de gravidezes/número de IVG atingem o segundo valor mais alto no grupo com menos de 19 anos. De acordo com a conclusão deste ponto, em cada mil gravidezes ocorridas entre os 15 e 19 anos, nas mulheres que à data da entrevista tinham menos de 24 anos, cerca de 100 terminam em IVG. Para além deste inquérito, são escassos os dados obtidos com um número expressivo de população.

Os resultados de um inquérito sobre a aplicação da Lei 6/84, realizado em 1996 em hospitais a nível nacional, pela Direcção Geral de Saúde, dez anos após a sua votação no Parlamento, revelam

---

[129] Ibidem.
[130] Ibidem.
[131] Ibidem.

que, das 50 instituições inquiridas, entre hospitais e maternidades, só 31 forneceram dados; 10 das instituições afirmavam nunca terem praticado interrupções de gravidez, tendo contudo 3 delas assistido a 114 mulheres, vítimas de complicações de aborto clandestino. Dos dados gerais fornecidos, verifica-se que em 10 anos foram realizadas 716 interrupções legais e assistidas 684 complicações de aborto clandestino; nesse período houve 46 mortes maternas, não estando especificadas as suas causas.

Estes dados, com data de 9/11/96, foram apresentados pela Direcção Geral de Saúde e constituem o primeiro trabalho deste âmbito a nível do Ministério da Saúde; se, por um lado, se pode salientar a escassa aplicação da lei nos primeiros dez anos e, por outro, se os números de aborto clandestino são impossíveis de obter, sabe-se que o aborto legal não tem, segundo estes dados, complicações; pelo contrário, o aborto clandestino provoca complicações que quase igualam os números de interrupções legais realizadas, provocando ainda mortes.

Da avaliação dos últimos cinco anos, há ainda a ressaltar que entre 2000 e 2005 quase duplica o número de abortos realizados nos hospitais dentro do quadro legal (574 em 2000 para 906 em 2005)[132], o que significa que, embora o número de abortos seja exageradamente pequeno em alguns centros, naqueles em que se realiza Diagnóstico Pre-natal há a preocupação cada vez maior de cumprimento do quadro legal e de satisfazer os pedidos dos casais. Mas há também um dado importante: o número de complicações graves de aborto clandestino com internamento hospitalar reduz-se (197 em 2000 para 73 em 2005); a tal fenómeno não é alheio, tal como aconteceu em países como o Brasil, ao uso de Misoprostol[133], que provoca concerteza muitos abortos incompletos, mas reduz as graves complicações outrora decorrentes de abortos cirúrgicos com consequências graves resultantes de perfurações uterinas ou da falta de assépsia que resultavam em infecções em número muito superior às

---

[132] IGIF-DGS, 2005.
[133] The Lancet, Novembro 2006.

que se verificam hoje. Quanto ao número de abortos clandestinos, o seu número continua difícil de estabelecer. Sabemos dessa estatística que algumas das suas complicações cabem nos 10000 abortos assistidos a nível hospitalar e que estão registados como abortos espontâneos, incompletos ou não especificados,

Sobre as razões que levam as mulheres a abortar, num estudo realizado na zona centro[134], verifica-se que 40.2% das mulheres declararam que não queriam mais filhos, 32,4% disseram que o motivo era serem jovens ou estudantes e 6% alegaram motivos sociais; as mulheres entre 20-34 anos abrangem 64,5% das estudadas e 53% eram casadas. A contracepção ineficaz ou desconhecida continua a ser o motivo da gravidez e 97,2% das mulheres deste estudo engravidaram por não usarem qualquer contracepção.

Um estudo semelhante realizado pela rede de Médicos Sentinela, não publicado, realizado em 1996/1997 aos 85 casos notificados em 1996 e aos 75 casos de 1997, demonstra que a situação económica é a primeira razão para abortar, seguindo-se o facto de não querer ter mais filhos; 37,4% não fazem contracepção e, em 26.2%, o método contraceptivo falhou.

Mas o estudo mais completo foi divulgado recentemente. Esse inquérito, divulgado em Dezembro de 2006, com dados recolhidos entre 6 de Outubro e 10 de Novembro e elaborado sob a responsabilidade da APF, sob o título "Estudo-base sobre práticas de aborto em Portugal", baseia-se em entrevistas a duas mil mulheres entre os 18 e 49 anos, distribuídas por todo o País, que correspondem a um universo de 2 446 386 mulheres em idade fértil. Este estudo revela alguns dados importantes, a partir de uma amostra distribuída por grupos etários, fazendo-se também a análise por estado civil, número de filhos, escolaridade e situação face à religião:

– 14,5% das mulheres da amostra afirma já ter feito pelo menos um aborto (12% fez apenas um e 2,1% fez dois). Quando se faz a distribuição por grupos etários, verifica-se que das

---

[134] Tomé, 1987.

mulheres entre os 18 e 24 anos (20% do total da amostra) há 8,2% que já fez um aborto; entre 25 e 34 anos (32% da amostra) há 14,9%; entre 35 e 44 anos (33% da amostra) há 15,5% e entre 45 e 49 anos (15% do total da amostra) há 19,4% de mulheres que já abortaram.

- De acordo com os dados recolhidos, verifica-se que as mulheres que abortaram se distribuem por todos os níveis de instrução (no ensino superior há 14% que abortaram, no secundário 13% e no básico 15%), estado civil (entre as solteiras são 11,1%, entre as casadas ou união de facto 14%, nas separadas 25,3% e nas viúvas 26,8%) ou posição face à religião (entre as ateias e não praticantes 16,7%, entre as praticantes ocasionais 11,4%, entre as praticantes frequentes 2,6%).

- 72,7% dos abortos foram feitos até à 10.ª semana; 46% das mulheres não usavam contracepção, mas em 21% havia uso de contracepção que falhou.

- 78% acharam que a decisão foi difícil, tendo havido em 43% a participação do marido ou companheiro na decisão.

- O aborto foi feito por método cirúrgico em 58% dos casos e foi feito por meios médicos em 25%, tendo havido complicações que lavaram a internamento hospitalar em 27,4%.

- Não houve qualquer aconselhamento posterior sobre contracepção em 70,2% dos casos.

Esta avaliação mostra algumas características associadas à prática do aborto clandestino: não há acompanhamento contraceptivo posterior e há elevada probabilidade de complicações. Também se verifica que a sua prática é comum em todos os grupos etários e sociais e existe apesar da crença ou prática de religião.

Um artigo publicado no jornal "Diário de Notícias", em 25/3/02, divulgando resultados de um estudo envolvendo 7000 adolescentes de todo o país sobre comportamentos e conhecimentos de adolescentes e sexualidade, revela que uma em cada 200 jovens, entre os 15 e 19 anos, já abortou; no grupo de 19 anos, uma em cada 50 admite já ter realizado um aborto. O início da sexualidade ocorre aos 15 anos em 40% dos inquiridos; entre os rapazes na idade de 19 anos, 5 em cada 100 admite que a namorada ou companheira já abortou. Esta diferença é apresentada pelos investigadores como resultante de uma maior dificuldade em confessar uma interrupção de gravidez pos parte das raparigas do que por parte dos rapazes.

A associação do início do despertar da sexualidade, nas fases de adolescência, com a ausência de educação sexual e poucos conhecimentos contraceptivos, pode gerar a irresponsabilidade contraceptiva e pode ser a responsável por estes resultados. A taxa elevada de gravidez na adolescência (a segunda maior da Europa) dá a indicação de que é importante que a informação sexual e a educação sexual devam fazer parte das prioridades da cidadania em Portugal.

A educação para a sexualidade deve abordar as suas diferentes dimensões: a linguagem, as emoções, os afectos, o contacto físico, a sexualidade; deverá também integrar, na sua dimensão, a possibilidade de recusar ou aceitar uma relação em que a sexualidade tem um papel importante, mas não é tudo. Esta educação passa por apoiar uma relação entre sexos sem poder, sem violência ou sem constrangimentos no diálogo, em que tem importância relevante a prevenção de uma gravidez ou ainda o que se entende por desejo de um filho.

A sexualidade não poderá, por isso, ser encarada como um apêndice que surge a partir de certo momento da vida, mas como algo que se constrói à medida que se cresce e que se alicerça a vida em comunidade. Daí que a responsabilidade sexual e a reflexão sobre a sexualidade que se pretende ter ou se aceita que outros tenham devam ser pressupostos, já que muitas vezes do desconhecimento, da falta de diálogo ou da ausência de reflexão e informação surgem dificuldades em reconhecer o desejo sexual e assim se criam situações de risco. A prevenção passará por criar alternativas ao aborto, através da contracepção, ou de medidas de apoio à maternidade, mas não há razão para que o aborto não possa ser realizado em condições de segurança.

10. ABORTO, UMA QUESTÃO POLÉMICA: PORQUÊ GRAVIDEZES INDESEJADAS?

Embora tenha havido uma estabilização da taxa de abortos nos países desenvolvidos, verifica-se que o aborto é actualmente mais comum entre o grupo de mulheres mais jovens e que não vivem maritalmente, do que no grupo de mulheres com mais de 35 anos que melhoraram o seu uso contraceptivo. Ao mesmo tempo, é evidente que na Europa Central e Oriental existe a necessidade de serviços de apoio contraceptivo, para poder reduzir-se a taxa de aborto. A baixa morbilidade associada ao aborto legal demonstra a sua eficácia, quando realizado por profissionais competentes em estabelecimentos adequados. Verifica-se também em países em desenvolvimento a vontade de se controlar a fertilidade.

Contudo, a existência, entre os pedidos de interrupção de gravidez, de 30% de mulheres que utilizam contracepção, põe a questão da integração da contracepção e do seu uso com eficácia, para separar, na realidade, o desejo de procriação do desejo de prazer e para dissociar entre sexualidade e procriação[135].

Este conceito passa por integrar a sexualidade não só num nível individual e social, como também implica consciência e responsabilização, e isso deve ser afirmado em relação a homens e a mulheres. A não aceitação da contracepção, ou as dificuldades à sua adaptação, têm integrados desajustamentos entre o desejo de fertilidade e o desejo de uma gravidez, ou ainda o facto de gravidez e maternidade não

---
[135] Zapiain, 1996.

serem obrigatoriamente aspectos ajustados individualmente[136]. A frequência de falhas contraceptivas pode resultar destes desajustamentos, já que a sua eficácia depende da motivação para a contracepção.

A resposta da mulher à gravidez não desejada pode ser influenciada por factores culturais, religiosos e legais. O grupo de mulheres que faz abortos não tem homogeneidade em relação a estes aspectos; isto quer dizer que nem a religião, nem a moral, nem a legalidade são factores que impedem a sua prática.

As situações em que surgem gravidezes não desejadas são múltiplas, mas estão sempre associadas a falha ou desconhecimento contraceptivo[137]. A situação relacional no momento da decisão é importante para esta. Se em muitos casos são razões pessoais e socio-económicas as invocadas, um relacionamento violento, a falta de colaboração do companheiro na responsabilidade contraceptiva[138] ou um relacionamento ocasional, são também razões que motivam a decisão.

Existe unanimidade em relação à consideração do aborto como um factor susceptível de poder causar stress psicológico na mulher[139,140,141]. Este stress pode manifestar-se em primeiro lugar pelo facto de a mulher assumir uma decisão que é fruto de conflitualidade individual, ou de uma ambivalência, que está intimamente relacionada, segundo Noya (1998), com a existência ou não de um projecto de maternidade, e com o significado da gravidez em relação a esse projecto de maternidade no momento em que o aborto é realizado.

Procurando avaliar as implicações da capacidade de resistência individual no fenómeno conhecido como stress ou bem estar após um aborto, Cozzarelli et al. (1998) investigaram aspectos característicos da personalidade, como a auto-estima, o optimismo perante

---

[136] Leal I., 2001.
[137] Bankole, 1998.
[138] Russo, 2001.
[139] Russo & Denions, 2001.
[140] Cozzarelli et al., 1998.
[141] Major et al, 1990.

situações da vida e o ajustamento e auto-controle perante situações negativas. Nestas avaliações, a capacidade de recuperação está associada a respostas positivas face a estes aspectos da personalidade e é factor importante nas situações de ajustamento e auto-controle após um aborto. Estes aspectos foram investigados a partir de um inquérito que desenvolvi e cujos resultados são apresentados no capítulo seguinte.

O segundo aspecto definidor da reacção da mulher perante um aborto é o apoio social, do companheiro e de amigos ou familiares. Por se tratar de uma questão que publicamente suscita na sociedade reacções por vezes de violenta oposição, pode originar sensações de culpa, vergonha, com consequências psicológicas negativas[142]. Estes autores consideram que o aborto será mais traumatizante se for realizado num contexto de violência vivida na família, adolescência, violação, ou num relacionamento conjugal violento. Contudo, se estes factores forem inexistentes, o aborto não contribui negativamente para a saúde mental da mulher. O apoio social pode aumentar o ajustamento a situações stressantes, melhorando a auto-eficácia, o que significa que uma dada pessoa é capaz de realizar as acções necessárias num momento concreto.

Para além de poder originar consequências psicológicas negativas para a mulher, o aborto pode ter também consequências relacionais. A importância da relação do casal, do apoio do companheiro nesse momento, que traz por vezes alguma conflitualidade, é importante para reduzir as consequências negativas desta decisão[143].

A maior parte das mulheres tem, na sua vida reprodutiva, pelo menos um acidente contraceptivo. Uma em cada duas decide abortar e o aborto é sempre a expressão da contradição entre os desejos das mulheres e a sua realidade[144]. A sua realização em condições de segurança e o apoio contraceptivo posterior, têm-se revelado capazes de impedir a banalização do aborto.

---

[142] Russo e Denions, 2001.
[143] Barnett et al., 1992.
[144] Kunegel, 2000.

11. AS CONSEQUÊNCIAS DA INTERRRUPÇÃO DE GRAVIDEZ NA VIDA DA MULHER

O aborto é uma decisão de grande tensão emocional, que implica uma dualidade de opções, em que a decisão assumida pela mulher pode colidir com preconceitos morais, religiosos e sociais. Mas esta afirmação é raras vezes fundamentada em mais do que impressões que cada pessoa recolhe num meio social restrito, ou que vai buscar aos seus preconceitos. Importa saber, e com rigor, como é que as mulheres e as famílias interpretam e reagem à decisão de uma interrupção voluntária de gravidez. Esse é o tema deste capítulo, em que apresento os resultados de uma investigação que procurou saber em particular se, na situação em que a interrupção de gravidez é realizada em Portugal, a prática de um aborto influencia significativamente a vida relacional e sexual de um casal. Será que o aborto perturba a vida das mulheres, ou será que se arrependem da sua decisão?

Há três aspectos que influenciam a reacção da mulher após um aborto[145]. Um factor é a capacidade de recuperação individual perante situações negativas da vida[146]; outros dois factores serão o apoio pessoal e afectivo do companheiro nesta decisão e a percepção de conflitualidade que esta decisão pode trazer nas relações sociais com amigos ou com a família[147]. A própria situação de clan-

---
[145] Major, 1998.
[146] Cozzarelli, 1998.
[147] Major et al., 1997.

destinidade e a sua prática em situação de ilegalidade pode ter consequências para a mulher e para o casal[148]. Contudo, esta situação tem sido objecto de poucos estudos em Portugal.

Barnett e os seus co-autores (1992) fizeram o estudo das consequências sociais e psicológicas após um aborto induzido. Para isso, estudaram 92 mulheres com um relacionamento estável ao tempo do aborto que realizaram uma interrupção de gravidez numa zona urbana da Alemanha; o estudo do relacionamento foi feito com base no Partnership Questionnaire (Hahlweg, 1982) que era preenchido até uma semana após o aborto, e um ano depois. O grupo controle foi constituido por igual número de mulheres que utilizavam regularmente contracepção eficaz. Ambos os grupos preencheram o questionário em dois momentos. Não havendo diferenças em relação às características dos dois grupos, verificou-se que, no grupo em que foi realizado um aborto, o relacionamento entre parceiros, avaliado logo no primeiro preenchimento do questionário, era menos harmonioso e com mais conflitos que no grupo controle. Um ano depois o número de separações no grupo de estudo não foi significativamente mais elevado do que no grupo controle, revelando-se baixas as consequências psicológicas negativas pela prática do aborto. Só uma pessoa considerou o aborto como o factor causal principal para a separação; a realização do aborto não provocou problemas graves do ponto de vista da sexualidade no grupo de estudo, embora tivesse sido indicada a falta de apoio do parceiro, na fase que se seguiu ao aborto, como um dos factores que contribuiu para o agravamento da relação.

Este estudo foi feito na Alemanha num quadro de legalidade do aborto e, naturalmente, não existe tal situação em Portugal, pelo que um estudo comparável enfrenta dificuldades suplementares. Neste contexto, o objectivo do estudo que desenvolvi foi:

1) Avaliar se a situação de relação pessoal de um casal é afectada pela prática de um aborto.

---

[148] Ribeiro e Navalhas, 2000.

2) Avaliar se o seu relacionamento sexual também é afectado, após a prática de uma interrupção voluntária de gravidez.

3) Uma vez que a literatura indica a importância da auto-eficácia e do apoio social na recuperação após um aborto, estudei também estas variáveis.

Neste estudo participaram mulheres de mais de 17 anos, com um relacionamento com duração de pelo menos seis meses antes do aborto, e que fizeram um aborto por razões pessoais ou sociais que não estão contempladas na lei portuguesa. Trata-se portanto, de mulheres que praticaram um aborto em condições de ilegalidade e que aceitaram, após a realização do aborto, entrar no estudo e preencher os questionários que o constituem. O estudo foi realizado na Maternidade Dr. Alfredo da Costa em Lisboa, com a devida autorização da sua Direcção e do Director do Serviço de Obstetrícia. Pretendendo-se fazer o estudo com um grupo controle, procurou-se encontrar mulheres nas mesmas condições quanto à idade ou relacionamento mas com prática de uma contracepção de forma regular, que satisfizessem os critérios da amostra e em número semelhante ao do grupo de estudo. O estudo realizado é longitudinal, tendo as mulheres sido contactadas duas vezes, com intervalo de seis meses. Às mulheres que realizaram um aborto era-lhes proposta uma consulta de planeamento familiar.

Os inquéritos foram preenchidos em dois momentos. O primeiro foi após uma ida ao hospital por uma complicação do aborto, ou a consultas médicas em consultórios privados, para aconselhamento para uma contracepção eficaz no futuro. O intervalo entre o aborto e o preenchimento do inquérito não ultrapassou uma semana em nenhum dos casos. O segundo momento teve lugar seis meses após o preenchimento do primeiro questionário.

No grupo controle, os inquéritos foram distribuidos em consultas de Planeamento Familiar da Maternidade Dr. Alfredo da Costa, em Centros de Saúde ou em consultas privadas. Em ambos os grupos a adesão era voluntária e a garantia do anonimato era assegurada à partida. Ambos os grupos preencheram o mesmo questionário que, para além dos dados de identificação em relação ao grupo etário, etnia, habilitações e profissão, procurava dados sobre a duração da relação actual, o número de filhos existentes, bem como o número de abortos anteriores, assim como dados sobre o relacionamento com o parceiro, a frequência e o grau de satisfação com a sexualidade e a sua opinião em relação às condições legais para a realização de um aborto, bem como dados acerca da crença numa religião.

Os inquéritos na primeira fase foram recolhidos entre Fevereiro e Junho de 2002. O objectivo era obter 60 casos para o grupo de estudo e o mesmo número para o grupo controle, o que foi conseguido. Foram distribuidos cerca de 300 questionários, dois dirigidos a cada pessoa, pedindo-lhes que respondessem ao mesmo inquérito seis meses após a primeira resposta. Seis meses depois foram recolhidas as segundas respostas ao mesmo questionário dos dois grupos. Recolheram-se, dentro do prazo previsto para o estudo nesta segunda fase, 101 respostas; não foram obtidas respostas nesta segunda avaliação de 8 casos pertencentes ao grupo em que houve prática de um aborto e de 11 casos em que houve prática de contracepção regular. Os dados foram tratados através do programa SPSS e foi usado um nível de significância de 5%.

11.1. Descrição das amostras

Verificou-se que não há diferenças em relação à idade entre as duas amostras, no grupo em que houve a prática recente de um aborto e naquele em que há uso regular de contracepção, quer na primeira quer na segunda fase do estudo. A idade média no grupo em que foi praticado um aborto era de 26.05 anos e no grupo em que houve contracepção de 27.95 anos na primeira fase do estudo, e de 25.88 anos no grupo aborto e de 28.47 anos no grupo controlo na segunda fase.

Também em relação à duração da relação se verifica que não há diferenças significativas entre as duas amostras: a pequena diferença em relação à média da duração da relação entre o grupo aborto (M = 37.44 meses; DP = 40.01) e o grupo em que houve contracepção regular (M = 52.54 meses; DP = 55.12) não é estatìsticamente significativa sendo, no entanto, em ambos os casos relações longas (em média de 37 a 53 meses). Também na segunda fase do estudo se verifica que não há diferenças na duração da relação dos casais entre os dois grupos.

Em relação ao número de filhos, também não há diferenças na amostra; na segunda fase do estudo encontrou-se também ausência de diferenças nos dois grupos. O mesmo sucede em relação ao número de abortos provocados anteriores. Também em relação ao padrão de religiosidade as duas amostras são semelhantes.

Procurou-se ainda verificar se existe nos dois grupos relação estatìsticamente significativa entre as variáveis "habilitações literárias", "etnia" e "estado". Conclui-se que, nestas amostras, não existe relação entre o grau de habilitação literária e a prática de um aborto e o uso de contracepção regular; da mesma forma, também não existe relação entre a etnia e a ocorrência de um aborto ou a escolha de uma prática contraceptiva eficaz. Também em relação ao estado civil, não existem diferenças significativas entre as duas amostras.

Estas análises permitem afirmar que os dois grupos são comparáveis em função destas características.

11.2. Medidas utilizadas

11.2.1. *Relacionamento do casal.* Para medir o relacionamento do casal aplicou-se o Partnership Questionnaire (PBF) (Hahlweg, 1979, versão de Baptista, 1983), que inclui 30 itens e avalia a relação de casal em três dimensões, correspondentes a outras tantas sub-escalas: "discussão" (por exemplo, "Quando discutimos ele/ela insulta-me muito"), "ternura" (por exemplo, "Ele/Ela acaricia-me docemente, o que para mim é muito agradável") e "comunicação" (por exemplo, "Fazemos planos para o futuro em conjunto"). A resposta aos 30 itens do PFB é dada numa escala de likert de 4 pontos, que varia entre 0 (muito raramente) e 3 (muito frequentemente). Foram isoladas três sub-escalas por análise factorial; a primeira escala (discussão) relaciona-se com comportamentos agressivos ou de discussão; a segunda escala (ternura) refere-se a itens como "Ele acaricia-me com ternura"; a terceira escala (comunicação), inclui itens como "Costumamos conversar à noite pelo menos meia hora". Os valores de consistência interna são adequados (α de Cronbach de 0.88, 0.85, 0.88 respectivamente para as três sub-escalas).

A aplicação desta escala à amostra em estudo revela para as três sub-escalas valores de α de Cronbachs de 0.93 para a 1.ª sub-escala (discussão); α de Cronbachs de 0.94 para a 2.ª sub-escala (ternura); α de Cronbachs de 0.92 para a 3.ª sub-escala (comunicação). Na segunda fase do estudo, a aplicação da escala revela valores de α de Cronbachs de 0.92 para a 1.ª sub-escala (discussão); α de Cronbachs de 0.89 para a 2.ª sub-escala (ternura); a 3.ª sub-escala (comunicação) apresenta α de Cronbachs de 0.92.

De acordo com os autores da escala, a definição de casais felizes ou infelizes faz-se através da resposta à questão 31 do questionário "actualmente até que ponto acha que o seu casamento é feliz?" As respostas variam entre 0 (muito infeliz) e 5 (muito feliz). Para os autores, os casais felizes responderiam entre 3 e 5; os casais infelizes responderiam a esta questão entre 0 e 2.

11.2.2. Religiosidade. A religiosidade foi medida pelo indicador utilizado por Correia (2000), com base no número de vezes que o indivíduo responde "sim" (afirmando a sua religiosidade) a questões como: "Acho importante realizar uma celebração religiosa no nascimento, casamento e na morte", ou "Acredito em Deus, na vida depois da morte, no Inferno, no Céu e no Pecado". As dez perguntas da escala que definem o indicador de religiosidade apresentam um valor de consistência interna com α de Cronbach de 0.82.

A aplicação desta escala à amostra do estudo permite encontrar um valor α de Cronbach de 0.84 na primeira passagem do estudo e um valor α de Cronbachs de 0.90 na segunda fase do estudo.

11.2.3. *Relacionamento sexual*. Para o segundo objectivo, a avaliação da vida sexual das mulheres no mês anterior à realização do questionário, utilizou-se como instrumento de medida um questionário de 5 itens. A resposta aos itens é dada numa escala de likert de 8 pontos, que varia entre 0 para as pontuações mais elevadas da escala e 8 para as pontuações menos elevadas. O primeiro item do questionário,"Com que frequência teve relações sexuais com o seu parceiro durante o último mês?" permite respostas entre 0 (duas vezes por semana ou mais) e 8 (nenhuma vez); o segundo, "Está satisfeito com a presente frequência das suas relações sexuais?" permite respostas entre 0 (satisfeito) e 8 (totalmente insatisfeito). Estes dois itens permitem individualizar uma sub-escala (sub-escala frequência) e avaliam a frequência das relações sexuais. Os três últimos itens medem a satisfação com a vida sexual e incluem questões como "As relações com o seu parceiro dão-lhe prazer?" ou "Sente interesse e desejo nas relações sexuais", em que as respostas podem ir de 0 (frequentemente sinto forte interesse) a 8 (detesto); estes três itens constituem a sub-escala satisfação sexual. Resultados elevados indicam baixa qualidade na relação sexual (frequência e satisfação sexual). Na amostra em estudo, obtiveram-se α de Cronbach de 0.84 para a sub-escala frequência e α de Cronbach de 0.94 para os três últimos itens na primeira fase do estudo; na segunda fase do estudo verificaram-se α de Cronbachs de 0.88 para a sub-escala frequência e α de Cronbachs de 0.95 para a sub-escala satisfação.

11.2.4. *Auto-eficácia*. Para medir as variáveis relacionadas com a auto-eficácia, foi utilizada a escala GSES de Schwarzer and Jerusalem (1992), na versão portuguesa de Nunes, Schwarzer & Jerusalem (1999). Trata-se de uma escala de 10 itens que se correlacionam positivamente com a auto-estima e o optimismo e negativamente com a ansiedade,depressão e sintomas físicos. Apresenta itens como "Eu consigo resolver sempre os problemas difíceis se tentar bastante" ou "É fácil para mim, agarrar-me às minhas intenções e atingir os meus objectivos". A resposta aos itens é dada numa escala de likert de 4 pontos que variam entre (1 = de modo nenhum é verdade) e (4 = exactamente verdade).Após aplicação em numerosos trabalhos revelou uma consistência interna com α de Cronbach entre 0.75 e 0.91.A aplicação desta escala ao presente estudo revelou valores de α de Cronbach de 0.92 na primeira fase e α de Cronbachs de 0.93 na segunda fase.

11.2.5. *Apoio social*. O instrumento de medida para avaliar o apoio social foi a escala de significância dos outros ou SOS – Significant Other Scale (Power et al, 1988, traduzida por Ito, 1994 e publicada por Roso, 1998) e foi apenas utilizado no grupo que abortou. É utilizada como medida da existência de apoio social, uma vez que se considera em vários estudos que este é importante para impedir situações de stress após situação traumática. A SOS mede a presença de apoio social, ou seja, a percepção da existência de pessoas que a tenham compreendido e ajudado após um acontecimento traumático. Os seis itens desta escala referem-se a: se a pessoa pediu ou recebeu ajuda, confidenciou o problema, foi compreendida, recebeu ajuda prática, se houve tempo dedicado a ela e se houve decepção. Todos estes aspectos são avaliados tendo como referência uma ou duas pessoas citadas por ela, numa escala de 1 (não) a 7 (muito) e somados os scores, podem variar de 6 a 42. A aplicação da escala e a sua sub-divisão em duas sub-escalas (uma para a primeira pessoa mencionada e a segunda para a segunda pessoa mencionada), invertendo a ordem das respostas ao sexto item, revelou que dos 60 casos em que foi realizado um aborto, na primeira fase do estudo, todas responderam apresentando pelo menos uma pessoa, mas só 35 referiram o apoio de uma segunda pessoa. Na segunda fase do estudo, todas as mulheres que responderam ao questionário (52) apresentaram o apoio de uma pessoa, mas só 33 referiram o apoio de uma segunda pessoa. A aplicação da primeira sub-escala aos respondentes na primeira fase do estudo, apresenta α de Cronbach de 0.92 e a segunda sub-escala apresenta α de Cronbach de 0.81; na segunda fase, a aplicação da escala apresenta α de Cronbach de 0.91 e 0.87 respectivamente.

11.2.6. *Posição face ao aborto*. Para caracterizar a posição das mulheres que fizeram um aborto sobre as condições em que entendiam que a realização de um aborto deveria ser permitida ou não, pedia-se-lhes para que se definissem perante seis situações: por exemplo, a existência de "doença materna", de "doença incurável ou incapacitante do feto", o aborto "a pedido da mulher até às 12 semanas" ou "a pedido da mulher, sem definição de prazos de realização". A resposta era dada por "sim"(1) ou "não"(0). O score final era dado pela soma das respostas e podia variar entre 0 (não concordância em nenhuma situação) e 6 (concordância em todas as situações). A média das respostas na primeira avaliação foi de 4.0 (DP=0.21) e na segunda avaliação foi de 4.02 (DP=0.15).

11.3. Resultados

A análise iniciou-se pelo estudo das diferenças entre os dois grupos no primeiro momento do estudo. Em relação ao relacionamento do casal, apresenta-se a soma dos itens das três sub-escalas, nas duas avaliações, bem como a soma total da escala.

Tabela I – Avaliação da relação conjugal.
Valores médios das 3 sub-escalas
e total da escala

		1.ª avaliação	2.ª avaliação
Sub-escala 1 (discussão) DP	M	7.45 6.24	7.51 6.08
Sub-escala 2 (ternura) DP	M	19.25 4.82	18.62 5.21
Sub-escala 3 (comunicação) DP	M	19.05 4.99	18.22 5.44
Soma total da escala DP	M	62,27 14.41	60.08 15.21

Não se verificaram diferenças em relação a qualquer sub-escala quando comparámos os dois grupos em estudo nas duas avaliações. Nenhum dos valores da segunda avaliação tem também valor estatístico significativo, embora a média dos valores da sub-escala "comunicação" na segunda fase do estudo – seis meses após o aborto – seja mais elevada e atinja valores próximos da significância. Para cada uma destas variáveis, realizou-se uma Análise de Variância 2 (grupo aborto vs. planeamento familiar) X 2 (tempo: 1.ª avaliação vs. 2.ª avaliação), com medidas repetidas nos dois factos. Os resultados mostraram que não há efeitos significativos do grupo, nem interacção entre os dois factores para nenhuma das variáveis consideradas. No entanto, verifica-se uma diminuição da qualidade da relação na escala total, uma diminuição da qualidade da "comunicação" e um aumento tendencial da "discórdia", ou discussão.

A criação de nova variável (relação infeliz e relação feliz), permite classificar a relação dos dois grupos em estudo (tabela II). De acordo com os resultados, haverá maior percentagem de casais com relação infeliz na segunda avaliação do que na primeira.

Tabela II – Comparação da variável "relacionamento feliz" nos dois momentos da avaliação

	Relação feliz		Relação infeliz	
	1.ª avaliação	2.ª avaliação	1.ª avaliação	2.ª avaliação
Grupo Aborto	51 85%	38 77.6%	9 15%	11 22.4%
Grupo Planeamento familiar	53 88.3%	40 83.3%	7 11.7%	8 16.7%

Quando se estudou o relacionamento sexual na amostra e se fez a comparação da sub-divisão da escala em duas sub-escalas (frequência e satisfação), verificou-se que a comparação dos dois grupos em estudo em relação à sub-escala (frequência) não revela diferenças significativas entre a primeira e a segunda avaliação; o mesmo se verifica em relação à aplicação da sub-escala (satisfação) nos dois grupos na primeira e na segunda avaliação.

Deste modo, os resultados obtidos parecem apontar para uma ausência de efeitos do aborto no relacionamento sexual. A análise de variância 2 (grupo) X 2 (tempo), realizada com as pessoas que participaram nos dois momentos da avaliação, mostra um efeito significativo de interacção no caso da frequência das relações sexuais. Este efeito é causado por uma menor frequência das relações sexuais no grupo de aborto na primeira avaliação, que aumenta na segunda avaliação para níveis semelhantes aos do grupo de planeamento familiar.

Tabela III – Aplicação das variáveis frequência e satisfação sexual aos dois grupos em estudo

1.ª avaliação

	Grupo Aborto	Grupo Plan.Familiar	t	P
Sub-escala Frequência M DP	2.48 1.31	2.10 1.30	1.61	0.11
Sub-escala Satisfação M DP	2.17 1.54	1.91 1.46	0.95	0.34

2.ª avaliação

	Grupo Aborto	Grupo Plan.Familiar	t	P
Sub-escala Frequência M DP	2.26 1.29	2.26 1.38	-0.02	0.98
Sub-escala Satisfação M DP	2.08 1.52	2.10 1.45	-0.05	0.96

Observaram-se ainda os efeitos do aborto a um nível individual. Quando se estudou a escala de auto-eficácia na amostra em estudo, verificou-se haver neste caso uma diferença entre as duas amostras, verificando-se que na primeira avaliação do estudo há níveis mais baixos de auto-confiança no grupo que fez um aborto, comparativamente com o grupo em que há uma prática regular de planeamento familiar, com resultado com significado estatístico. Na segunda avaliação, o aumento da auto-confiança no grupo em que houve um aborto impede que haja diferença estatisticamente significativa entre os grupos. O mesmo resultado é confirmado na Análise de Variância que prova que, ao mesmo tempo que há um aumento significativo da auto-eficácia do primeiro para o segundo momento, este aumento se verifica em particular no grupo que abortou.

Tabela IV – Relação entre os valores de auto-eficácia nos dois grupos nas duas avaliações

1.ª avaliação

	Aborto	Planeamento Familiar	T	p
Auto-confiança M	2.34	2.62	-2.93	0.00
DP	52	0.50		

2.ª avaliação

	Aborto	Planeamento Familiar	T	p
Auto-confiança M	2.55	2.64	-0.94	0.35
DP	55	0.49		

O apoio social tem sido referido na literatura como uma variável importante na recuperação de uma situação traumática. Para a avaliação da significância dos outros e aplicando a escala acima mencionada, verifica-se que 60 pessoas que fizeram um aborto procuraram apoio em pelo menos uma pessoa e, dessas, 35 procuram apoio em duas pessoas, e ainda que o nível de apoio obtido é elevado. Verifica-se que, para a primeira pessoa, o valor médio da aplicação da escala é de 31.4 (DP=5.0); quando se procura apoio numa segunda pessoa, o valor médio é 31.1 (DP=4.7). Em relação à segunda avaliação, o apoio social de uma pessoa é requerido por 51 respondentes e apenas 33 pedem o apoio de uma segunda pessoa. O valor médio da aplicação da escala de apoio social para a primeira pessoa é 32.3 (DP=4.8); quando há apoio de uma segunda pessoa, o valor médio da escala é de 32.4 (DP=4.8).

Tabela V – Apoio social: médias nas duas avaliações

1.ª avaliação

	N	Mín	Máx	Média	DP
Apoio 1.ª pessoa	60	19.0	42.0	31.4	5.00
Apoio 2.ª pessoa	35	22.0	40.0	31.4	4.74

2.ª avaliação

	N	Mín	Máx	Média	DP
Apoio 1.ª pessoa	51	17.0	42.0	32.3	4.83
Apoio 2.ª pessoa	33	15.0	40.0	32.4	4.81

Sabendo da importância do apoio social na recuperação após um aborto e pretendendo saber se havia diferenças no grupo que fez um aborto – diferenças essas que se pudessem relacionar com maior ou menor apoio social –, constituiram-se três grupos, através da sub-divisão do grupo aborto em dois: um constituído por valores acima da média da escala de apoio social, a que se chamou "aborto com apoio social" e outro com valores abaixo da média de apoio social, o sub-grupo "aborto sem apoio social". Ficaram assim constituídos três grupos: os grupos "aborto sem apoio social" e "aborto com apoio social" e o grupo com contracepção regular. Foram então comparar-se estes três grupos nas duas fases da avaliação em relação às mesmas variáveis de relacionamento sexual, vida sexual e auto-eficácia.

Verifica-se que em relação à primeira variável do relacionamento conjugal, a variável "discussão", existe um agravamento significativo na segunda avaliação em todos os grupos. Mas os valores da "discussão" são significativamente mais elevados do que nos outros grupos, até na primeira avaliação, no grupo sem apoio social. Quando se analisa desta forma a variável "ternura", o grupo com valores mais baixos é também o "grupo aborto sem apoio social" nas duas fases da avaliação; na avaliação da variável "comunicação" entre o casal, há agravamento significativo na segunda fase da avaliação, havendo sempre pior "comunicação" no "grupo sem apoio social". A variável global "relacionamento conjugal" apresenta também valores significativamente mais baixos na segunda avaliação, com pior relacionamento em especial no "grupo sem apoio social".

Tabela VI – Médias em 3 grupos: aborto sem apoio social, aborto com apoio social e planeamento familiar nas variáveis da relação conjugal

Escala de discussão	1.ª avaliação	2.ª avalialção
Grupo Aborto sem apoio social	M= 10.97 DP= 5.94	M= 11.69 DP= 6.20
Grupo Aborto com apoio social	M= 3.97 DP= 3.44	M= 4.33 DP= 4.79
Grupo Planeamento Familiar	M= 6.17 DP= 5.24	M= 6.78 DP= 5.37

Escala ternura	1.ª avaliação	2.ª avaliação
Grupo Aborto sem apoio social	M= 17.09 DP= 4.16	M= 16.73 DP= 5.12
Grupo Aborto com apoio social	M= 21.07 DP= 4.72	M= 20.79 DP= 5.22
Grupo Planeamento Familiar	M= 19.18 DP= 4.83	M= 18.35 DP= 4.89

Escala comunicação	1.ª avaliação	2.ª avaliação
Grupo Aborto sem apoio social	M= 15.35 DP= 4.74	M= 14.54 DP= 5.63
Grupo Aborto com apoio social	M= 21.32 DP= 3.96	M= 20.22 DP= 4.53
Grupo Planeamento Familiar	M= 19.76 DP= 4.64	M= 19.20 DP= 4.75

Escala relação conjugal total	1.ª avaliação	2.ª avaliação
Grupo Aborto sem apoio social	M= 53.67 DP= 14.05	M= 51.77 DP= 15.37
Grupo Aborto com apoio social	M= 68.44 DP= 10.71	M= 67.27 DP= 12.39
Grupo Planeamento Familiar	M= 62.90 DP= 14.68	M= 60.77 DP= 14.54

As variáveis da vida sexual, estudadas nas duas fases da avaliação e comparadas nos três grupos, revelam um aumento da frequência de actividade sexual nos dois grupos de aborto com e sem apoio social, na segunda avaliação. A satisfação sexual é sempre mais baixa no "grupo sem apoio social", não havendo modificação em relação aos grupos da primeira para a segunda avaliação. A variável global "vida sexual" não tem modificação nas duas fases da avaliação, mas a vida sexual é sentida como mais satisfatória no "grupo de aborto com apoio social" do que no "grupo aborto sem apoio social".

A "auto-confiança", avaliada nas duas fases do estudo e em relação a estes três sub-grupos, melhora na segunda avaliação, mas a diferença é mais significativa nos dois grupos de aborto. O "grupo de aborto sem apoio social" é o que apresenta, em qualquer das duas avaliações, níveis de auto-eficácia mais baixos.

Pelo perfil das médias obtidas, podemos ver que o grupo que abortou e que tem apoio social elevado tem resultados muito próximos do grupo de planeamento familiar. O "grupo de aborto sem apoio social" apresenta sempre indicação de ter mais problemas conjugais, sexuais e pessoais, tanto na primeira como na segunda avaliação.

Por fim, foram questionadas as pessoas que tinham realizado um aborto sobre se concordavam com a interrupção de gravidez, em várias situações, nomeadamente a pedido da mulher. Verifica-se que na primeira avaliação 15 pessoas não respondem à questão e uma pessoa não está de acordo, tendo respondido positivamente as 44 restantes. Na segunda avaliação, houve 10 pessoas que não responderam à mesma questão.

**Tabela VII – Posição face ao aborto
do grupo de mulheres que fez a interrupção
– O aborto deve ser relizado legalmente por...**

1.ª avaliação

	Doença fetal	Doença da mãe	Violação	Pedido sem prazos	Pedido, até às 12 semanas	Nunca
R	58	58	58	57	45	58
NR	2	2	2	3	15	2
1-sim	58	58	58	1	44	0
0-não	0	0	0	56	1	58
Total	60	60	60	60	60	60

2.ª avaliação

	Doença fetal	Doença da mãe	Violação	Pedido sem prazos	Pedido, até às 12 semanas	Nunca
R	51	51	51	50	42	51
NR	1	1	1	2	10	1
1-sim	51	51	51	1	42	0
0-não	0	0	0	49	0	51
Total	52	52	52	52	52	52

Como se verifica, existe pouca variação entre as respostas na primeira e no segundo momento, e estas mulheres rejeitam a proibição completa do aborto, aceitando a sua realização na maior parte dos casos com os quais foram confrontadas, incluindo o da sua legalização até às 12 semanas por decisão da mulher.

11.4. Discussão

Este estudo teve como objectivo avaliar as consequências de um aborto, na sequência de gravidez não desejada, na relação conjugal e na vida sexual dos casais. Pretendia também avaliar se há modificação da auto-eficácia e qual o papel do apoio social na recuperação, após um aborto. Foram estabelecidas medidas de avaliação, através de questionário, da relação conjugal e sexual, da auto-eficácia e do apoio social, em dois momentos com intervalo de seis meses, em relação ao grupo de estudo (60 mulheres que tinham vindo ao hospital na sequência de complicações de um aborto clandestino) e a um grupo controle (60 mulheres que utilizavam regularmente um método contraceptivo). Estes grupos tinham características semelhantes em relação às variáveis de identificação de grupo.

Na primeira avaliação não se verificaram diferenças entre os dois grupos (aborto e contracepção regular), quanto ao relacionamento conjugal. Também não se verificaram diferenças entre os dois grupos quanto à avaliação do relacionamento conjugal, embora exista um agravamento nos dois grupos na qualidade da relação conjugal. Este agravamento da qualidade da relação é confirmado pela existência de um nível percentualmente mais elevado de mulheres que consideram a sua relação infeliz. Houve três separações no grupo com prática de um aborto e uma separação no grupo com contracepção regular. Uma das mulheres do grupo aborto e outra do grupo com contracepção regular afirmavam, já na primeira avaliação, que classificavam a sua relação como infeliz.

Também se verifica que não há modificação no relacionamento sexual da primeira para a segunda avaliação, após a realização de um aborto. Há menor frequência de relações sexuais no grupo que realizou um aborto, no período da ocorrência deste; isto pode ser explicado pela situação de tensão emocional que é vivida no momento do conhecimento da gravidez e de assumir uma decisão de a interromper, com a agravante de, nas condições da situação portuguesa, ser realizada em condições de ilegalidade. A maior frequência da actividade sexual neste grupo na segunda avaliação, que é comparável à do grupo com contracepção regular, pode ser explicada pelo facto de estar a utilizar neste segundo momento uma contracepção mais eficaz, após a ida a consultas de aconselhamento, não havendo por isso o receio de uma gravidez não desejada associado à prática sexual.

A nível pessoal e, tal como descrito em outros estudos, há uma melhoria da auto-confiança ou auto-eficácia nas mulheres que abortaram. Verifica-se em trabalhos (Rosen & Martindale, 1980; Benz, 1983) citados por Barnett et al. (1992), que a termo há uma melhoria da capacidade de iniciativa e decisão nas mulheres que decidiram abortar, quando comparadas com mulheres que prosseguiram uma gravidez não desejada.

O apoio social é reconhecido em estudos sobre o tema como importante na recuperação após um aborto. No presente estudo, verifica-se que no grupo aborto há um conjunto de mulheres que têm baixo apoio social, não conseguindo pedir ou obter ajuda neste momento, enquanto há outro com um apoio social alto. É no grupo com baixo apoio social que se verificam as relações conjugais mais conflituosas entre o casal, quer na avaliação a seguir ao aborto, quer seis meses depois. Há neste grupo de baixo apoio social, na avaliação aos seis meses, uma menor partilha de afecto e menor capacidade de comunicação, quando comparado com o grupo que fez um aborto, mas que tem apoio social, e com o grupo com prática contraceptiva regular.

Já foi afirmado que a frequência sexual aumenta após a prática de um aborto e que o apoio social não determina diferenças quanto a essa variável; contudo, a satisfação sexual é menor no "grupo sem apoio social", quer após a prática do aborto, quer seis meses depois. Também a vida sexual em geral é sentida como menos satisfatória neste grupo, nas duas fases da avaliação, o mesmo sucedendo com a auto-confiança.

Podemos pois considerar que, no presente estudo, a realização de um aborto não afecta a vida conjugal e sexual nos casais estudados, mas que existe um grupo mais vulnerável a complicações, que é aquele em que há um baixo apoio social. Confirma-se, pois, neste estudo, que o apoio social é um factor importante na recuperação após um aborto.

Sabemos que as condições de realização de um aborto podem influenciar resultados, uma vez que a clandestinidade pode trazer complicações físicas e psicológicas. Contudo, estes resultados não são diferentes dos do estudo de Barnett (1992), realizado com mulheres que praticaram um aborto por gravidez não desejada, nas condições previstas pela lei alemã. No actual estudo, o facto de serem mulheres que recorreram ao hospital por complicações, em que houve um apoio médico e posterior aconselhamento contraceptivo, pode influenciar estes resultados, nomeadamente quanto à variável relacionamento sexual. As limitações legais também impossibilitaram que os parceiros pudessem participar neste estudo, o que o teria enriquecido.

O tempo de recuperação após um aborto e os seus efeitos a longo prazo são aspectos que são também objecto de debate. As limitações de tempo para a realização deste estudo determinaram que a segunda avaliação destas mulheres fosse feita seis meses depois do aborto. Uma vez que pesquisas em relação a outras situações susceptíveis de causar stress revelam que as experiências mais negativas se sentem alguns meses após um evento (Wortman, 1989) e que, se não surgem nesse período, raras vezes têm consequências que lhe possam ser atribuíveis, seria interessante confrontar o presente estudo com outros, realizados em Portugal, com intervalos de reavaliação diferentes. Também seria interessante comparar em Portugal estudos sobre as complicações relacionais após um aborto por gravidez não desejada, com essas complicações numa gravidez não desejada que não é interrompida.

Por fim, é importante sublinhar que, mesmo após a realização de um aborto, há uma mulher que não estaria de acordo com o estabelecimento em lei da interrupção de gravidez a pedido da mulher e que há 10 pessoas que realizaram um aborto que não se pronunciam sobre um quadro legal, o que demonstra as contradições que existem em relação a este tema, mesmo se as pessoas já o vivenciaram e tomaram atitudes em relação a ele.

12. EXISTIRÁ UMA NOVA ÉTICA SOBRE O ABORTO?

A polémica e a controvérsia que a questão do aborto tem desencadeado em todas as sociedades tem necessariamente a ver com a forma como são encaradas as questões relacionadas com a sexualidade, a intimidade, a vida privada (das quais a procriação surge como consequência), e com o choque entre códigos morais, religiosos ou éticos e o direito individual de decisão neste campo, que é da esfera íntima.

Nesta dicotomia, estão sempre posições diferentes sobre o que é a vida e quando começa, bem como o contraponto entre o direito da mulher e o direito do embrião, ou a quem compete o direito e a liberdade de decisão, onde começa e onde acaba a licitude do Estado ou da Religião intervirem na vida privada. Tais decisões tendem a ser influenciadas por códigos morais e sociais e muitos defendem que devem ser estendidos à generalidade das pessoas.

Abordando as complexidades que esta questão levanta, Santos Jorge (1997) considera que estas questões começam quando se questiona o estatuto moral do feto e passam também pelas noções de "vida humana" e "pessoa humana". Questiona também se deverá ser a sociedade a regular as escolhas procriativas ou a condicioná-las, passando por se saber se numa sociedade democrática e pluralista se devem condicionar as opções individuais, considerando que os ideais universais não devem ser impostos, mas apenas ser aceites por quem os deseja, de forma livre[149].

---

[149] Jorge, C., 1997.

Analisando as duas grandes posições em confronto, a despenalização de circunstâncias, segundo o mesmo autor, apenas permite que em consciência se possa praticar esse acto, não obrigando nunca a totalidade das pessoas, deixando livremente a decisão à consciência individual, não devendo questões de consciência ser impostas, ainda que maioritariamente aprovadas ou decididas. Considerando-se as circunstâncias em que o aborto na ilegalidade é praticado, trazendo perigo para a saúde das mulheres, as alternativas à realização de um aborto têm de estar na prevenção do mesmo, mas não deverá existir coacção sobre a decisão para as escolhas procriativas.

Por outro lado, comentando as posições que consideram que o aborto seria idêntico ao assassínio de inocentes, posições essas de pendor claramente religioso, o autor lembra que nunca, em qualquer tradição religiosa, o aborto foi penalizado da mesma forma que o homicídio. Também o Código Penal português tem penas e pressupostos diferentes para o aborto e para o homicídio. Segundo o autor, nunca qualquer ordenamento jurídico em relação ao aborto impediu a sua prática, sendo então mais claro que se devam alterar ordenamentos jurídicos que não respondam ao quotidiano individual. Considera que a única forma de abordagem do debate sobre o aborto deveria ser com base nos conhecimentos biológicos, uma vez que as razões com base na teologia, na filosofia e na moral não permitirão qualquer clarificação.

A questão do início da vida, para Jorge (1997), está subjacente a princípios culturais e também não pode clarificar ou decidir o debate. Abordando o princípio da identidade como definidor da individualidade, o autor considera que existem diferentes tipos de identidade: a identidade genética, que define as características genéticas de um novo ser, surge com a fertilização que não é um processo momentâneo, mas um continuum que dura 48 horas; o embrião é dotado de vida biológica, mas a identidade individual é dada somente, para este autor, com a existência de vida autónoma, no exterior do útero materno, adquirindo-se assim o estatuto de pessoa humana, ou seja, identidade individual. O estudo do desenvolvimento embrionário e fetal pode contribuir para esclarecer questões que cada um coloque e os avanços da ciência permitem clarificar este debate.

Assim, o conhecimento de que o início da função cerebral tem lugar às 12 semanas de gestação, não confere ainda ao embrião um estatuto de autonomia nem de individualidade, porque o processo de desenvolvimento é marcado por etapas de cada vez maior complexidade de funções e de maturidade orgânica, à medida que se dá o desenvolvimento fetal. O conhecimento desta maturação orgânica e funcional, das diferentes funções vitais e dos seus limites, tem vindo a ser fonte de investigação, ao mesmo tempo que a tecnologia permite a exploração e o conhecimento dessas funções e a sobrevida de fetos em idades gestacionais mais precoces. Neste momento, e à luz dos conhecimentos e da tecnologia de que a ciência dispõe, os limites da viabilidade situam-se por volta das 24 semanas; o feto pode então adquirir o estatuto de viabilidade, segundo este autor, o que lhe confere dignidade e individualidade e dificilmente estes prazos podem ser encurtados, pois este é o limite mínimo para que órgãos vitais como o pulmão humano tenham possibilidade de ter a sua função, ainda que com apoio tecnológico. O autor lembra ainda que, de acordo com o Código Penal Português, a "personalidade" adquire-se com o nascimento e com vida.

Frances Kissling (2000) considera que houve avanços científicos e médicos que tornaram muitos aspectos da gravidez visíveis e que muitos avanços foram feitos em relação ao seu diagnóstico e tratamento. Interrogando-se sobre se haverá com isto uma nova ética em relação ao aborto, considera que é necessário reexaminar os aspectos nucleares e se eles são modificados com os novos avanços. Os aspectos religiosos não são os únicos na questão dos valores, mas o desejo de viver uma vida com princípios que se consideram aceitáveis e que tornam a vida boa, é um assunto de toda a humanidade. Os que não defendem a legalização do aborto apontam questões morais, e os que a defendem apontam razões de direitos; o aborto seria assim um conflito entre o valor da vida, apontando-se para a vida da mãe também um conjunto de responsabilidades inerentes à maternidade.

Na grande vaga de legalização do aborto nos diferentes países, a razão invocada, há 20 ou 30 anos, foi a questão da saúde física e mental que seria afectada com um aborto feito na clandestinidade, ou destruída, se as mulheres fossem forçadas a ter uma gravidez que não desejam.

Com o aparecimento do feto com imagens reais, o conflito foi sublinhado como sendo entre a definição de quem tem maior valor: se o feto ou a mãe. Para Kissling, "vai ser difícil manter no futuro um discurso que não tenha em conta o valor do feto; mas a evolução do conhecimento médico, sociológico e filosófico leva à conclusão de que os fetos não são pessoas"[150]. O outro aspecto importante para Kissling passa pela dicotomia entre direitos individuais/individualismo. Para Kissling, o direito à individualidade, à autonomia, à integridade do corpo é suficiente para integrar o direito ao aborto.

Leal (2001), abordando a forma de debate sobre a questão da dicotomia entre direitos do feto e direitos da mãe, considera que esta discussão remete para outros debates na sociedade. A distinção entre a individualidade da mulher enquanto grávida e não grávida, pressupõe que exista uma dicotomia entre a mulher nestas duas situações, com perda de estatuto de individualidade por parte da mulher grávida, para passar a ser "um corpo societário"[151]. Considera esta autora que também a diferença entre o corpo biológico da mulher e a sua possibilidade procriativa tem permitido discriminações, em nome dessa fecundidade possível, entre homens e mulheres, e determinaria que toda a mulher tem uma maternidade inerente, não se lhe reconhecendo a possibilidade de recusá-la.

Sabe-se hoje que não se pode colocar um traço de igualdade entre gravidez e maternidade ou entre fertilidade, gravidez e maternidade. Por vezes, projectos divergentes poderão coincidir, após o auto-conhecimento da gravidez; mas também podem não coexistir e não é claro que o não desejo de maternidade, conciente e responsável, ou uma impossibilidade temporária da maternidade, que também é responsável, não tragam consequências psicológicas. Para esta autora, por vezes são os contextos morais e sociais acerca da teoria da maternidade que são preferencialmente responsáveis pelas consequências negativas para as mulheres.

Também Ferreira (1986) considera que hoje a discussão em termos do aborto se coloca em moldes diferentes: o debate passou por

---
[150] Kissling, 2000.
[151] Leal, 2001.

fases em que a saúde da mulher e a sua situação económica ou familiar poderiam ser invocadas individualmente e aceites pela lei, mas hoje a discussão deverá centrar-se entre a individualidade e a responsabilidade procriativa, que são factores independentes de qualquer religião, e por isso a religião não pode ser invocada para a discussão destas questões.

Para esta autora, a consequência das novas tecnologias, de que destaca os ultrasons, conduzem a uma estratégia de apagamento da mãe enquanto sujeito, adquirindo o feto o estatuto de super-sujeito. Daí a tendência dos médicos atribuirem ao feto a nomenclatura de paciente e que haja quem fale de "direitos jurídicos" do feto, ainda que à custa dos da grávida. As novas tecnologias poderão criar uma visibilidade que leva assim a uma crescente empatia pelo feto e ao desrespeito pela autonomia da mãe.

Mas limitar o debate à dicotomia entre direito de escolha da mãe e à vida do feto, não tem em conta o direito da mulher à sua integridade, enquanto pessoa, com estatuto e direito de autonomia pessoal, que é a essência de ser pessoa. Para esta autora, o conflito entre vida e liberdade é constante na nossa sociedade, que não tem conseguido conciliar estes valores "com absoluta consistência em todas as escolhas que fazemos". Para Virgínia Ferreira, a decisão deve caber à mulher, "na certeza de que este conflito vai ocorrer no seu espírito"[152].

No debate sobre a existência de uma nova ética sobre o aborto, Robertson (1994) considera que a liberdade procriativa deve ser integrada nos direitos reprodutivos, já que as decisões reprodutivas são de cada um, independentemente das definições legais, e devem abranger a liberdade de evitar a reprodução, mas também a liberdade de reprodução, já que falar em direitos reprodutivos é tratar ambos os seus aspectos.

Robertson considera o aborto uma questão polémica, mas cujo debate está em permanente evolução, à medida que o conhecimento se centra no estudo das fases mais precoces do desenvolvimento embrionário, mas também nas drogas de contra-gestão, que impe-

---

[152] Ferreira, V. 1986.

dem o ovo fertilizado de se implantar, ou interromper a sua implantação o mais precocemente possível a seguir à sua ocorrência. Para este autor, a ética da posição pró-escolha deverá ser assim a de tentar que o aborto seja realizado o mais precocemente possível, no estado embrionário, ou pré-fetal do desenvolvimento. Não deve haver limites à realização de um aborto nestas fases, pois "terceiras partes não devem ter poder de veto sobre a escolha da mulher"[153]. Uma sociedade que queira reduzir as taxas de aborto deve considerar a educação sexual e a distribuição de contraceptivos uma prioridade em saúde pública, e deve dar apoio ao cuidado de crianças, para as mulheres que acham que o aborto não é uma alternativa.

Para evitar um gravidez, na inexistência de contracepção ou numa falha contraceptiva, deve ser divulgada e utilizada a contracepção de emergência. Devem desenvolver-se esforços públicos para que o aborto seja o mais precoce possível através da utilização de Mifepristona (o RU 486) e Misoprostol, que devem estar disponíveis, recomendados e utilizados.

A contracepção deve ser assim oferecida aos jovens e aos mais pobres; se o controle de nascimentos com estes métodos é inacessível ou ineficaz, o direito ao aborto não pode ser negado e pelo contrário deve ser aceite, em nome dos direitos reprodutivos e em nome de a mulher poder controlar o que é feito da sua vida e do seu corpo.

Também este autor considera que o aborto não pode ser encarado como um atentado contra uma nova pessoa, já que nem o ovo fertilizado nem o embrião têm os mesmos direitos que uma pessoa, porque o seu estado de desenvolvimento, orgânico ou do sistema nervoso central, não lhe dão diferenciação. Para este autor, se o aborto não é uma violação dos direitos do feto, o custo e benefício desta perda simbólica, relativamente a outros valores como os interesses das mulheres em evitar uma gravidez não desejada, devem ser considerados. Daí que este autor, parafraseando o então presidente Clinton, diga que os abortos devem ser "seguros, precoces e raros".[154]

---

[153] Robertson, 1994.
[154] Ibidem, 1994.

13. CONCLUSÃO

Verifica-se que nenhuma sociedade tem alcançado o desejo de fertilidade de todas as mulheres ou casais sem o recurso à interrupção da gravidez. Considerado durante centenas de anos de desenvolvimento da sociedade como um método de controle da fertilidade entre outros, o aborto foi sendo considerado umas vezes moralmente desculpabilizante e outras vezes altamente reprimido em várias fases de desenvolvimento histórico quando era necessário baixar ou aumentar a fertilidade das populações.

Os conceitos morais associados à sua prática foram introduzidos em clara ligação com o valor atribuido à sexualidade, nunca tendo sido o aborto claramente punido por ordem jurídica senão no século XIX. Foi o desenvolvimento científico, que permitiu desvendar o mistério da fertilidade, que contribuiu para a distinção entre contracepção e aborto. Contudo, as condicionantes morais e ideológicas que levaram à sua penalização foram influenciadas pelo papel que a medicina adquiriu à medida que se foi desenvolvendo como ciência.

Os conhecimentos de métodos contraceptivos permitiram que o aborto fosse utilizado apenas como recurso perante desconhecimento ou falha da contracepção, o que constitui um avanço importante. Contudo, princípios de ordem moral, religiosa ou filosófica, mantêm-se em discussão sempre que se considera o papel do aborto como forma de impedir uma gravidez que não é programada ou desejada, colocando alguns a defesa da vida do feto como bem superior à escolha da mulher.

A legalização do aborto em muitos países, perante a evidência de que, apesar da contracepção, era difícil a garantia da fertilidade desejada, mantém ainda o aborto como uma questão que faz parte do dia a dia das agendas políticas, podendo os quadros de legalização ser influenciados por condicionantes políticas e socio-económicas.

A sua aceitação como direito individual e como um dos direitos reprodutivos das mulheres, está longe de ser um facto real e há hoje um debate em permanente evolução. Se é claro que o aborto induzido não deverá ser um meio de regulação da fertilidade numa população com prática contraceptiva com moderada ou alta eficácia, também se sabe que, para um nível de fertilidade específico, o número de abortos que ocorre é muito sensível ao nível de uso e eficácia contraceptiva. Promover a informação contraceptiva é assim um desenvolvimento fundamental para o futuro das nossas sociedades, estimulando a responsabilidade das pessoas, o respeito pela autonomia, pela sexualidade e pelas escolhas reprodutivas das mulheres.

Mas não pode ser dado hoje nenhum contributo mais importante para o virar de página quanto ao respeito pelas mulheres do que a despenalização do aborto. Ao legalizar o aborto e terminar a perseguição às mulheres que abortaram, a lei estará a dar um sinal de adaptação à realidade, mas, mais do que isso, estará a mostrar como assume o sentido profundo da liberdade e responsabilidade.

REFERÊNCIAS BIBLIOGRÁFICAS

ALLAN GUTMACHER INSTITUTE (1999). *Sharing Responsibility: Women, Society and Abortion Worldwide*. New York: The Allan Guttmacher Institute.
ALLAN GUTMACHER INSTITUTE (2001). Facts in brief-induced abortion. Retirado a 8 de Dezembro da World Wide Web: www-agi-usa.org/journals.
ARTOUS, A. (1978). Système capitaliste et opression des Femmes. *Critique Communiste, (20/21)*, 3-80.
BANDURA, A. (1982). Self efficacy mecanism on human agency. *American Psychologist, 37*, 122-147.
BANKOLE, A., SINGH, S., & HAAS, T. (1999). Characteristics of women who obtain induced abortion: a worldwide review. *International Family Planing Perspectives, 25 (2)*, 68-77.
BANKOLE, A., SINGH, S., & HAAS, T. (1998). Reasons why women have induced abortions: Evidence from 27 countries. *International Family Planning Perspectives, 24 (3)*, 117-152.
BARNETT, W., FREUDENBERG, N., & WILLE, R. (1992). Partnership after induced abortion: a prospective controlled study. *Archives of Sexual Behavior, 21*, 443-453.
BANTMAN, B. (1997). *Breve História sobre o Sexo*. Lisboa: Terramar Editores.
BARNETT, W., FREUDENBERG, N., & WILLE, R. (1992). Partnership after induced abortion: a prospective controlled study. *Archives of Sexual Behavior, 21*, 443-453.
BENZ, A. (1983). Die ungewollte Schwangerschaft und ihre Unterbrechung. *Psyche, 37*, 130-138.
BRASIL, J. (1932). *A Questão Sexual*.
CORREIA, I. (2000). Concertos e Desconcertos na procura de um mundo desconcertado: crença no mundo justo, inocência da vítima e vitimização secundária. Tese de Doutoramento não publicada, ISCTE, Lisboa.
COZZARELLI, C., SUMER, N., & MAJOR, B. (1998). Mental models of atachment and coping with abortion. *Journal of Personality and Social Psychology, 74*, 453-467.

CUNHAL, A. (1997). *O Aborto, Causas e Soluções*. Lisboa: Campo das Letras.
DIAS, C., FALCÃO, M., & FALCÃO, I. (2000). Contribuição parao estudo da ocorrência da interrupção voluntária da gravidez em Portugal continental (1993--1997). *Revista Portuguesa de Saúde Pública, 2*, 55-60.
DIAS, M., FALCÃO, I.,& FALCÃO, J. (2000).Contribuição para o estudo da ocorrencia da interrupção voluntária da gravidez. *Revista Portuguesa de Saúde Pública, 18 (2)*, 55-63.
DIRECÇÃO GERAL DE SAÚDE (1996). Dados Estatísticos disponibilizados à Assembleia da Republica.
FATHALLA, M., ROSENFIELD, A.,& INDRISO, C. (1990). *Manual sobre reprodução humana (vol. 2)*. FIGO, Barcelona: Edika, Med.
FERREIRA, V. (1996). A questão do aborto em Portugal: sob a égide da hipocrisia e da passividade. *Sexualidade e Planeamento Familiar, 9/10 (2)*, 26-30.
FLANDRIN, J.-L. (1981). *Le Sexe et l'Occident*. Paris:Éditions du Seuil.
FOUCAULT, M. (1994). *História da Sexualidade. O Uso dos Prazeres*. Lisboa: Relógio d'Água.
FREIRE, J., LOUSADA, M. (1982). O neomalthusianismo na propaganda libertária. *Análise Social XVIII (72-73-74)*, 1367-1397.
GREER, G. (1987). *Sexo e Destino*. Rio de Janeiro: Rocco.
HEINEN, J. (1978). De la Ier à la IIIe Internationale: la "Question" des femmes. *Critique Communiste, 20/21*, 109-211.
HAHLWEG, K. (1979). Konstruktion und Validierung des Partnerschaftsfragebogens PBF. *Z.f. Klin. Psychol., 8*, 17-40.
HAHLWEG, K., SCHINDLER, L., & REVENSTROF, D. (1982). Treatment of marital distress: comparing formats and modalities. *Adv. Behav. Res. Ther. (4)*, 57-74.
HENSHAW, S. (1990). Induced abortion: a world review. *Family Planning Perspectives, 22 (2)*,76-89.
HENSHAW, S., SINGH, S., & HAAS, T. (1999). The incidence of abortion Worlwide. *International Family Planing Perspectives, 25 (supl.)*, 30-38.
HENSHAW, S., SINGH, S.,& HAAS, T. (1999). The incidence of abortion worldwide. *International Family Planning Perspectives, 25 (supl.)*, 1-19.
INE (1997). Inquérito à Fecundidade e Família.
JORGE, C. (1997). *Princípios Éticos e Biológicos para o Enquadramento da Interrupção não Punível da Gravidez*. Porto: Medisa.
KISSLING, F. (2000). The etics of pro-choice advocacy. *Choices, 28 (2)*, 8-10.
KULCZYCKI, A., OTTS, M.,& ROSENFIELD, A. (1996). Abortion and fertility regulation. *The Lancet, 347 (15)*, 1663-1668.
LEAL, I. (2001). Interrupção Voluntária da Gravidez. O que a Psicologia pode e sabe fazer. *Sexualidade e Planeamento Familiar (32)*, 7,11.
LOPES, C. (1996). Debater o aborto em Portugal. *Sexualidade e Planeamento Familiar 9/10 (2)*, 20,22.

MAJOR, B., TESTA, M., COOPER, M., & MUELLER, P. (1990). Perceived social support, self-efficacy, and adjustment to abortion. *Psychology, 59*, 452-463.
MCLAREN, A. (1990). *História da Contracepção*. Lisboa: Terramar Editores.
MAJOR, B., TESTA, M., COOPER, M., & MUELLER, P. (1990). Perceived social support, self-efficacy, and adjustment to abortion. *Psychology, 59*, 452-463.
MAJOR, B., COOPER, L., ZUBECK, J., & COZZARELLI, C. (1997). Mixed messages: implicatons of social conflit ans social support within close relationships for adjustment to a stressful live event. *Journal of Personality and Social Psychology, 72*, 1349-1363.
MAJOR, B., RICHARDS, C., COZZARELLI, C., COOPER, L., & ZUBECK, J. (1998). Personal resilience, cognitive appraisals and coping: an integrate model of adjustment to abortion. *Journal of Personality and Social Psichology, 74*, 732-752.
NAZARETH, J. (1982). *Explosão Demográfica e Planeamento Familiar*. Lisboa: Presença.
POWER, M., CHAMPION, L., & ARIS, S. (1998). The development of a mesure of social support: The Significant Others Scale (SOS) Scale.*British Journal of Clinical Psychology, 27*, 349-358.
RIBEIRO, J., & NAVALHAS, A. (2000). As mulheres que se submeteram a IVG experienciam ao dia a dia de modo mais negativo do que as que não se submeteram?
In J. RIBEIRO, I. LEAL, & M. DIAS. (coord.). *Psicologia da Saúde nas doenças crónicas*. (pp. 109-115). Lisboa: ISPA.
ROBERTSON, J. (1994). *Children of Choice. Freedom and New Reproductive Technologies*. New Jersey: Princeton University Press.
RONSIN, F.(1980). *La Grève des Ventres*. Paris: Aubier Montaigne
ROSEN, L., & Martindale, L. (1980). Abortion as "deviance". *Soc. Psychiatry, 15*, 103-108.
ROSO, M. (1998). Escalas de avaliação do transtorno do estresse pós- traumático. *Revista de Psiquiatria Clinica, 25* (6), 320-325.
RUSSO, N., & DENIOUS, J. (2001). Violence in the lives of Women having abortions. *Journal of Personality and Social Psychology, 32*, 142-150.
SARASON, I., LEVINE, H., BASHAM, R., & SARASON, B. (1983). Assessing social support: The Social Support Questionnaire. *Journal of Personality and Social Psychology, 44* (1) 127-139.
SARASON, I., SHEARIN, E., & PIERCE, G. (1987). Interrelations of social support measures: Theoretical and practical implications. *Journal of Personality and Social Psychology, 52* (4) 813-832.
SCHWARZER, R. (1998). Health Psychology. Retirado em 13 de Dezembro 2001 da World Wide Web: http://www.yorku.ca/faculty/academic/schwarze/selfscal.htm

TAMIAN, K. (2000). *Interruption volontaire de grossesse à répétition, 28 (2)*, 137--140

TAVARES, M. (2000). *Movimentos de Mulheres em Portugal*. Lisboa: Livros Horizonte.

TOMÉ, T. (1998). *Contributo para o estudo da epidemiologia da interrupção voluntária da gravidez*. Coimbra: Imprensa de Coimbra.

VOLKOVA, T. (1978). *Ser Mulher na URSS e Países de Leste*. Lisboa: Antídoto.

WORTEN, C., & SILVER, R. (1989). The myths of coping with loss. *J. Consult. Clin. Psychology, 57*, 349- 357.

ZAPIAIN, J. (1996). Gravidezes inesperadas, porquê?. *Sexualidade e Planeamento Familiar, 6 (2)*, 23-26.

ZIMMERMAN, M. (1989). Experiencing abortion as a crisis: The impact of social context. In Rishaw, B., & S. P.(coord). *Gender in Intimate Relationships: Amicrostructural Approach*. Belmont. Wadsworth Publ.